Christoph Martin Wieland

Sämmtliche Werke - Gedichte

Christoph Martin Wieland

Sämmtliche Werke - Gedichte

ISBN/EAN: 9783743685512

Hergestellt in Europa, USA, Kanada, Australien, Japan

Cover: Foto ©ninafisch / pixelio.de

Weitere Bücher finden Sie auf **www.hansebooks.com**

C. M. WIELANDS

SÄMMTLICHE WERKE

NEUNTER BAND

GEDICHTE.

LEIPZIG
BEY GEORG JOACHIM GÖSCHEN. 1795.

INHALT ZUM IX. BANDE.

MUSARION.

ASPASIA.

GEDICHTE AN OLYMPIA.

DIE ERSTE LIEBE.

DER MÖNCH UND DIE NONNE.

DAS LEBEN EIN TRAUM.

BRUCHSTÜCKE VON PSYCHE.

MUSARION

ERSTES BUCH.

ERSTES BUCH.

In einem Hain der einer Wildniſs glich
Und nah' am Meer ein kleines Gut begrenzte,
Ging FANIAS mit seinem Gram und sich
Allein umher; der Abendwind durchstrich
Sein fliegend Haar, das keine Ros' umkränzte;
Verdrossenheit und Trübsinn mahlte sich
In Blick und Gang und Stellung sichtbarlich,
Und was ihm noch zum Timon ¹) fehlt',
      ergänzte
Ein Mantel, so entfasert, abgefärbt
Und ausgenützt, daſs es Verdacht erweckte,
Er hätte den, der einst den Krates deckte,
Vom Aldermann der Cyniker geerbt. ²)

 Gedankenvoll, mit halb geschloſsnen Blicken,
Den Kopf gesenkt, die Hände auf dem Rücken,
Ging er daher. Verwandelt wie er war,
Mit langem Bart und ungeschmücktem Haar,
Mit finstrer Stirn, in Cynischem Gewand,
Wer hätt' in ihm den Fanias erkannt,
Der kürzlich noch von Grazien und Scherzen
Umflattert war, den Sieger aller Herzen,

Der an Geschmack und Aufwand keinem wich,
Und zu Athen, wo auch Sokraten zechten, 3)
Beym muntern Fest, in durchgescherzten
Nächten,
Dem Komus bald, und bald dem Amor glich?

Ermüdet wirft er sich auf einen Rasen nieder,
Sieht ungerührt die reitzende Natur
So schön in ihrer Einfalt! hört die Lieder
Der Nachtigall, doch mit den Ohren nur.
Ihr zärtlicher Gesang sagt seinem Herzen nichts;
Denn ihn beraubt des Grams umschattendes
Gefieder
Des innern Ohrs, des geistigen Gesichts.
Empfindungslos, wie einer der Medusen
Erblickt und starrt, erwägt er zweifelsvoll
Nicht, wie vordem, wofür er seufzen soll,
Für welchen Mund, für welchen schönen
Busen?
Nein, Fanias spricht jetzt der Thorheit Hohn,
Und ruft, seitdem aus seinem hohlen Beutel
Die letzte Drachme flog, wie König Salomon:
Was unterm Monde liegt, ist eitel!

Ja wohl, vergänglich ist und flüchtiger als
Wind
Der schönen Gunst, die Brudertreu der Zecher;
So bald nicht mehr der goldne Regen rinnt,
Ist keine Danae, so bald im trocknen Becher
Der Wein versiegt, ist kein Patroklus mehr.

Was Fliegen lockt, das lockt auch Freunde her;
Gold zieht magnetischer, als Schönheit, Witz
   und Jugend:
Ist eure Hand, ist eure Tafel leer,
So flieht der Näscher Schwarm, und La i s
   spricht von Tugend.

 Der grofsen Wahrheit voll, dafs alles eitel sey
Womit der Mensch in seinen Frühlingsjahren,
Berauscht von süfser Raserey,
Leichtsinnig, lüstern, rasch und unerfahren,
In seinem Paradies von Rosen und Schasmin
Ein kleiner Gott sich dünkt, setzt F a n i a s,
   der Weise,
Wie H e r k u l e s, sich auf den S c h e i d w e g
   hin,
(Nur schon zu spät) und sinnt der schweren
   Reise
Des Lebens nach. Was soll, was kann er thun?
Es ist so süfs, auf Flaum und Rosenblättern
Im Arm der Wollust sich vergöttern,
Und nur vom Übermafs der Freuden auszuruhn!
Es ist so unbequem, den Dornenpfad zu klettern!
Was thätet ihr? — Hier ist, wie vielen däucht,
Das Wählen schwer: dem F a n i a s war's leicht.
Er sieht die schöne Ungetreue,
 Die W o l l u s t — schön, er fühlt's! — doch
   nicht mehr schön für i h n —
Zu jüngern Günstlingen aus seinen Armen
   fliehn;

Die Scherze mit den Amorinen fliehn
Der Göttin nach, verlassen lachend ihn,
Und schicken ihm zum Zeitvertreib die Reue:
Hingegen winken ihm aus ihrem Heiligthum
Die Tugend, und ihr Sohn, der Ruhm,
Und zeigen ihm den edlen Weg der Ehren.
Der neue Herkules schickt seufzend einen Blick
Den schon Entfloh'nen nach, ob sie nicht wie-
     derkehren.
Sie kehren, leider! nicht zurück,
Und nun entschließt er sich der Helden Zahl
     zu mehren!

   Der Helden Zahl? — Hier steht er wieder an;
Der kühne Vorsatz bleibt in neuen Zweifeln
     schweben.
Zwar ist es schön, auf lorbernvoller Bahn
Zum Rang der Göttlichen die in der Nachwelt
     leben,
Zu einem Platz im Sternenplan
Und im Plutarch, sich zu erheben;
Schön, sich der trägen Ruh entziehn,
Gefahren suchen, keine fliehn,
Auf edle Abenteuer ziehn,
Und die gerochne Welt mit Riesenblute färben;
Schön, süß sogar — zum mindsten singet so
Ein Dichter, der zwar selbst beym ersten Anlaß
     floh, — 4)
Süß ist's, und ehrenvoll, fürs Vaterland zu
     sterben.

Doch auch die Weisheit kann Unsterblichkeit
 erwerben!
Wie prächtig klingt's, den fesselfreyen Geist
Im reinsten Quell des Lichts von seinen Flecken
 waschen,
Die Wahrheit, die sich sonst nie ohne Schleier
 weist,
(Nie, oder Göttern nur) entkleidet überraschen;
Der Schöpfung Grundrifs übersehn,
Der Sfären mystischen verwornen Tanz ver-
 stehn,
Vermuthungen auf stolze Schlüsse häufen,
Und bis ins Reich der reinen Geister streifen;
Wie glorreich! welche Lust! — Nennt immer
 Den beglückt
Und frey und grofs, den Mann der nie gezittert,
Den der Trompete Ruf zur wilden Schlacht
 entzückt,
Der lächelnd sieht was Menschen sonst
 erschüttert,
Und selbst den Tod, der ihn mit Lorbern
 schmückt,
Wie eine Braut an seinen Busen drückt:
Viel gröfser, glücklicher ist D e r mit Recht
 zu nennen,
Den, von Minervens Schild bedeckt,
Kein nächtliches Fantom, kein Aberglaube
 schreckt;
Den Flammen, die auf Leinwand brennen,

Und Styx und Acheron nicht blässer machen
    können;
Der ohne Furcht Kometen brennen sieht,
Die hohen Götter nicht mit Taschenspiel bemüht,
Und, weil kein Wahn die Augen ihm verbindet,
Stets die Natur sich gleich, stets regelmäfsig
    findet.

War Filipps Sohn ein Held, der sich der
    Lust entzog
In welcher unberühmt die Ninias zerrannen, 5)
Und auf zertrümmerten Tyrannen
Von Sieg zu Sieg bis an den Indus flog?
Sein wälzender Triumf zermalmte tausend Städte,
Zertrat die halbe Welt — warum? lafst's ihn
    gestehn!
„Damit der Pöbel von Athen
Beym nassen Schmaus von ihm zu reden
    hätte." 6)
Um wie viel mehr, als solch ein Weltbezwinger,
Ist Der ein Held, ein Halbgott, kaum geringer
Als Jupiter, der tugendhaft zu seyn
Sich kühn entschliefst; dem Lust kein Gut,
    und Pein
Kein Übel ist; zu grofs, sich zu beklagen,
Zu weise, sich zu freu'n; der jede Leidenschaft
Als Sieger an der Tugend Wagen
Gefesselt hat und im Triumfe führt;
Den alles Gold der Inder nicht verführt;

Den nur sein eigener, kein fremder Beyfall
  rührt;
Kurz, der in **Falaris** durchglühtem Stier
  verdärbe
Eh' er in **Frynens** Arm — ein **Diadem**
  erwärbe.

In solche schimmernde Betrachtungen vertieft
Lag **Fanias**, schon mehr als halb entschlossen;
Als Amor unverhofft die neue Denkart prüft,
Die Gram, Filosofie und Noth ihm eingegossen.
Er sah, und hätte gern den Augen nicht
  getraut,
Die ein Gesicht, wovor ihm billig graut,
Zu sehn sich nicht erwehren können.
Die Götter werden ihm den Ruhm doch nicht
  mifsgönnen,
Ein **Xenokrat** zu seyn? Was hilft Ent-
  schlossenheit?
Im Augenblick der uns Minerven weiht
Kommt Cytherea selbst zur ungelegnen Zeit.

  Zwar **diese** war es nicht: doch hätte
Die Schöne, welche kam, vielleicht sich vor der
  Wette,
Die **Pallas** einst verlor, gleich wenig sich
  gescheut.
Schön, wenn der Schleier blofs ihr schwarzes
  Aug' entdeckte,
Noch schöner, wenn er nichts versteckte;

Gefallend, wenn sie schwieg, bezaubernd, wenn
        sie sprach:
Dann hätt' ihr Witz auch Wangen ohne Rosen
Beliebt gemacht; ein Witz, dem's nie an Reitz
        gebrach,
Zu stechen oder liebzukosen
Gleich aufgelegt, doch lächelnd wenn er stach
Und ohne Gift. Nie sahe man, die Musen
Und Grazien in einem schönern Bund;
Nie scherzte die Vernunft aus einem schönern
        Mund;
Und Amor nie um einen schönern Busen.

    So war, die ihm erschien, so war
        MUSARION.
Sagt, Freunde, wenn mit einer solchen Miene
Im wildsten Hain ein Mädchen euch erschiene,
Die Hand aufs Herz! sagt, liefet ihr davon?
„So lief denn Fanias?" — Das konntet ihr
        errathen!
Er that was Wenige in seinem Falle thaten,
Allein, was jeder soll, der sicher gehen will.
Er sprang vom Boden auf, und — hielt ein
        wenig still,
Um recht gewiß zu sehn was ihm sein Auge
        sagte;
Und da er sah, es sey Musarion,
So lief er euch — der weise Mann! — davon
Als ob ein Arimasp ihn jagte. 7)

Du fliehest, Fanias? ruft sie ihm lachend nach:
Erkennest mich und fliehst? Gut, fliehe nur, du Spröder!
Dein Kaltsinn macht Musarion nicht blöder;
Du schmeichelst dir doch wohl, sie sey so schwach
Dir nachzufliehn? — Durch ungebahnte Pfade
Wand er wie eine Schlange sich:
So schlüpft die keusche Oreade
Dem Satyr aus der Hand, der sie im Bad erschlich.
Die Schöne folgt mit leichten Zefyrfüfsen,
Doch ohne Hast; denn (dachte sie) am Strand,
Wohin er flieht, wird er wohl halten müssen.
Es war ihr Glück, dafs sich kein Nachen fand;
Denn, der Versuchung zu entgehen,
Was thät' ein Weiser nicht? Doch da er keinen fand,
Wohin entfliehn? — Es ist um ihn geschehen
Wenn ihn sein Kopf verläfst! — Seyd unbesorgt! Er blieb
Am Ufer ganz gelassen stehen,
Sah vor sich hin, schwang seinen Stab, beschrieb
Figuren in den Sand, als ob er überdächte
Wie viele Körner wohl der Erdball fassen möchte;
Kurz, that als säh' er nichts, und wandte sich nicht um.

Vortrefflich! rief sie aus: das nenn' ich Hel-
    denthum
Und etwas mehr! Die alte Ordnung wollte,
Daſs Dafne jüngferlich mit kurzen Schritten
    fliehn,
Apollo keuchend folgen sollte;
Du kehrst es um. — Fliehst du, mich nach-
    zuziehn?
Den kleinen Stolz will ich dir gerne gönnen!

Du irrest dich, antwortet unser Held
Mit Mienen, welche nicht, wie sehr sie ihm
    miſsfällt,
Verbergen wollen oder können:
Ein rascher meilenbreiter Spalt,
Der plötzlich zwischen uns den Boden gähnen
    machte,
Ist alles, glaube mir, wornach ich sehnlich
    schmachte,
Seitdem ich dich erblickt. — Der Gruſs ist
    etwas kalt,
Erwiedert sie: du denkest, wie ich sehe,
Die Reihe sey nunmehr an dir,
Und weichst zurück so wie ich vorwärts gehe.
Doch spiele nicht den Grausamen mit mir!
Was willst du mehr, als daſs ich dir gestehe
Du zürnst mit Recht? Ja, ich miſskannte dich:
Doch, war ich damahls mein? Jetzt bin ich,
    was du mich,
Zu seyn, so oft zu meinen Füſsen batest.

Wie? (unterbrach er sie) du, die mit kaltem
  Blut
Mein zärtlich Herz mit Füſsen tratest,
Mich lächelnd leiden sahst — du hast den Über-
  muth
Und suchst mich auf, mich noch durch Spott
  zu quälen?
Zwey Jahre liebt' ich dich, Undankbare, so
  schön,
Wie keine Sterbliche sich je geliebt gesehn.
Dein Blick, dein Athem schien allein mich zu
  beseelen.
Thor, der ich war! von einem Blick entzückt
Der sich an mir für Nebenbuhler übte;
Durch falsche Hoffnungen berückt,
Womit mein krankes Herz getäuscht zu werden
  liebte!
Du botst verführerisch das süſse Gift mir dar,
Und machtest dann mit einem andern wahr
Was dein Sirenenmund mir zugelächelt hatte.
Und, o! mit wem? — Dieſs brachte mich zur
  Wuth!
(Nur der Gedank' empört noch itzt mein Blut)
Ein Knabe war's, — erröthe nicht, gestatte
Daſs ich ihn mahlen darf, — gelblockig,
  zefyrlich,
Ein bunter Schmetterling, so glatt wie eine
  Schlange,
Mit Gänseflaum ums Kinn, mit rothgeschmink-
  ter Wange,

Ein Ding, das einer Puppe glich,
Wie kleine Töchterchen mit sich zu Bette
nehmen:
Dem gabst du, ohne dich zu schämen,
Den Busen preis, um den der Hirt von Ilion
H e l e n e n untreu worden wäre;
Diefs Äffchen machte den Adon
Der Nebenbuhlerin der Göttin von Cythere.
Und F a n i a s, indefs so ein Insekt
Auf deinen Rosen kriecht, liegt Nächte durch
gestreckt,
Mit Thränen, die den May von seinen Wangen
ätzen,
Die Schwelle deiner Thür, Undankbare, zu
netzen!
Nein! Der versöhnt sich nie, der s o beleidigt
ward!
Hinweg! die Luft, in der du Athem ziehest,
Ist Pest für mich — Verlafs mich! du bemühest
Dich fruchtlos! — unsre Denkungsart
Stimmt minder überein als ehmahls unsre
Herzen.

Mich däucht (erwiedert sie) du rächest dich
zu hart
Für selbst gemachte Liebesschmerzen.
Sey wahr, und sprich, ist's stets in unserer
Gewalt
Zu lieben w i e und w e n wir sollen?

Oft fragt der Liebesgott uns nur nicht ob wir
 wollen?
Wir finden ohne Grund uns zärtlich oder kalt,
Itzt dem Apollo spröd, itzt schwach für einen
 Faunen.
Was weiß ich's selbst? Wer zählet Amors
 Launen?
Ihr, die ihr über uns so bitter euch beschwert,
Laßt euer eignes Herz für unsers Antwort
 geben!
Ihr bleibt oft an der Stange kleben,
Und was euch angelockt war kaum der Mühe
 werth.
Ein Halstuch öffnet sich, ein Ärmel fällt zurücke,
Und weg ist euer Herz! Oft braucht es nicht so
 viel;
Ein Lächeln fängt euch schon, ihr fallt von
 einem Blicke.
Ein flüchtiger Geschmack, ein Nichts, ein eitles
 Spiel
Der Fantasie, regiert uns oft im Wählen;
Das Schöne selbst verliert auf kurze Zeit
Den Reitz für uns; wir wissen daß wir fehlen,
Und finden Grazien bis in der Häßlichkeit.
Hat die Erfahrung, wie ich glaube,
Von dieser Wahrheit dich belehrt;
So ist mein Irrthum auch vielleicht verzeihens-
 werth.
Wer suchet unter einer Haube
So viel Vernunft als Zenons Bart verheißt?

Und wie? mein Freund, wenn ich sogar zu sagen
Mich untersteh', daſs wirklich mein Betragen
Für meine Klugheit mehr als wider sie beweist?
Ich schätzt' an dir, wofür dich jeder preist,
Ein edles Herz und einen schönen Geist:
Was ich für dich empfand, war auf Verdienst gegründet;
Du warst mein Freund, und fodertest nicht mehr;
Vergnügt mit einem Band das nur die Seelen bindet,
Sahst du mich Tage lang, und fandest gar nicht schwer
Mich, wenn der Abendstern dir winkte, zu verlassen,
Um an Glycerens Thür die halbe Nacht zu passen.
So ging es gut, bis dich ein Ungefähr
An einem Sommertag in eine Laube führte,
Worin die Freundin schlief, die wachend dich bisher
So ruhig ließ. Ich weiſs nicht was dich rührte;
Der Schlaf nach einem Bad, wenn man allein sich meint,
Muſs was verschönerndes in euren Augen haben:
Genug, du fandst an ihr sonst unerkannte Gaben,

Und sie verlor den angenehmen Freund.
Nichts ahnend wacht' ich auf; da lag zu meinen Füſsen
Ein Mittelding von Faun und Liebesgott!
In dithyrambische Begeist'rung hingerissen
Was sagtest du mir nicht! was hätt'st du wagen müssen,
Hätt' ich, der Schwärmerey die Lippen zu verschlieſsen,
Das Mittel nicht gekannt! Ein Strom von kaltem Spott
Nahm deinem Brand die Luft. Mit triefendem Gefieder
Flog Amor zürnend fort: doch freut' ich mich zu früh;
Denn eh' ich mir's versah, so kam er seufzend wieder.
Mit Seufzen, ich gesteh's, erobert man mich nie;
Der feierliche Schwung erhitzter Fantasie
Schlägt mir die Lebensgeister nieder.
Ich machte den Versuch, durch Fröhlichkeit und Scherz
Den Dämon, der dich plagte, zu verjagen:
Doch diese Geisterart kann keinen Scherz ertragen.
Ich änderte die Kur. Allein mein eignes Herz
Kam in Gefahr dabey; es wurde mir verdächtig;
Denn Schwärmerey steckt wie der Schnupfen an:
Man fühlt ich weiſs nicht was, und eh' man wehren kann

Ist unser Kopf des Herzens nicht mehr mächtig.
Auf meine Sicherheit bedacht
Fand ich zuletzt ich müsse mich zerstreuen.
Mir schien ein Geck dazu ganz eigentlich
gemacht.
Für Schönen, die den Zwang der ernsten Liebe
scheuen,
Taugt eine Puppe nur, die trillert, hüpft und
lacht;
Ein bunter Thor, der tändelnd uns umflattert,
Die Zähne weißt, nie denkt, und ewig schnat‐
tert;
Der, schwülstiger je weniger er fühlt,
Von Flammen schwatzt die unser Fächer kühlt,
Und, unterdeß er sich im Spiegel selbst
belächelt,
Studierte Seufzerchen mit schaler Anmuth
fächelt.

Das alles was du sagst, (fiel unser Timon
ein)
Soll, wie es scheint, ein kleines Beyspiel seyn,
Kein Handel sey so schlimm, den nicht der Witz
vertheidigt,
Nur Schade, daß die Ausflucht mehr beleidigt
Als was dadurch verbessert werden soll.
Doch, laß es seyn! mein Thorheitsmaß ist voll,
Wir wollen uns mit Zanken nicht ermüden.
Ich liebte dich; vergieb! ich war ein wenig
toll:

Dir selbst gefiel ein Geck, und ich — ich bin
 zufrieden;
Erfreut sogar. Denn ständ' es itzt bey mir,
Durch einen Wunsch an seinen Platz zu
 fliegen,
Bathyll zu seyn — um dir im Arm zu liegen;
Bey deiner Augen Macht! — ich bliebe hier.
Du hörst, ich schmeichle nicht. Genießt Ihr
 das Vergnügen
Durch falsche Zärtlichkeit einander zu betrügen:
Mich fängt kein Lächeln mehr! — Ich seh'
 ein Blumenfeld
Mit mehr Empfindung an als eure schöne Welt:
Und wenn zum zweyten Mahl ein Weib von
 mir erhält,
Durch einen strengen Blick, durch ein gefällig
 Lachen
Mich bald zum Gott und bald zum Wurm zu
 machen,
Wenn ich, so klein zu seyn, noch einmahl fähig
 bin;
Dann, holde Venus, dann verwirre meinen Sinn,
Verdamme mich zur lächerlichsten Flamme,
Und mache mich — verliebt in meine Amme.

Wie lange denkst du so? versetzt Musarion:
Der Abstich ist zu stark, den dieser neue Ton
Mit deinem ersten macht! Doch, lieber Freund,
 erlaube,

Ich fordre mehr Beweis eh' ich ein Wunder glaube.
Du, welcher ohne Lieb' und Scherz
Vor kurzem noch kein glücklich Leben kannte;
Du, dessen leicht gerührtes Herz
Von jedem schönen Blick entbrannte,
Und der, (erröthe nicht, der Irrthum war nicht grofs)
Wenn ihm Musarion die spröde Thür verschlofs,
Zu Lind'rung seiner Qual — nach Tänzerinnen sandte;
Du, sprichst von kaltem Blut? du, bietest Amorn Trutz?
Vermuthlich hast du dich, noch glücklicher zu leben,
In einer andern Gottheit Schutz
Und in die Brüderschaft der Fröhlichen begeben,
Die sich von Leidenschaft und Fantasie befrey'n,
Um desto ruhiger der Freude sich zu weih'n?
Du fliehst den Zwang von ernsten Liebeshändeln,
Und findest sicherer, mit Amorn nur zu tändeln;
Vermählst die Mäfsigung der Lust,
Geschmack mit Unbestand, den Kufs mit Nektarzügen,
Studierst die Kunst dich immer zu vergnügen,
Geniefsest wenn du kannst, und leidest wenn du mufst?
Ich finde wenigstens in einem solchen Leben
Unendlichmahl mehr Wahrheit und Vernunft,

Als von der freudescheuen Zunft
Geschwollner Stoiker ein Mitglied abzugeben.
Und denkst du so, dann lächle sorgenlos
Zum Tadel von Athen, das deiner Änd'rung
    spottet.
Nicht, wo die schöne Welt, aus langer Weile
    blofs,
Zu Freuden sich zusammen rottet
An denen nur der Nahme fröhlich tönt,
Die, stets gehofft, doch niemahls kommen
    wollen,
Wobey man künstlich lacht und ungezwungen
    gähnt,
Und mitten im Genufs sich schon nach andern
    sehnt
Die da und dort uns gähnen machen sollen:
Nicht im Getümmel, nein, im Schoofse der
    Natur,
Am stillen Bach, in unbelauschten Schatten,
Besuchet uns die holde Freude nur,
Und überrascht uns oft auf einer Spur,
Wo wir sie nicht vermuthet hatten.
Doch, Fanias, ist's diese Denkungsart,
Die dich der Stadt entzog, wozu die Aufsenseite
Von einem Diogen? wozu ein wilder Bart?
Mich däucht, ein weiser Mann trägt sich wie
    andre Leute?

„Mein Ansehn, schöne Spötterin,
Ist wie es sich zu meinem Glücke schicket.

Wie? ist dir unbekannt in welcher Lag' ich bin?
Daß jenes Dach, von faulem Moos gedrücket,
Und so viel Land als jener Zaun umschließt,
Der ganze Rest von meinem Erbgut ist?
Was jeder weiß kann dir allein unmöglich
Verborgen seyn: dein Scherz ist unerträglich,
Musarion, wie deine Gegenwart.
Mit wem sprichst du von einer Denkungsart,
Die von den Günstlingen des lachenden Ge-
    schickes
Das Vorrecht ist?" — Freund, du vergissest
    dich:
Ein Sklave trägt die Farbe seines Glückes,
Kein edles Herz. Im Schauspiel stimmen sich
Die Flöten nach dem Ton des Stückes:
Allein ein weiser Mann denkt niemahls wei-
    nerlich.
Wie, Fanias? Die Farbe deiner Seelen
Ist nur der Wiederschein der Dinge um dich
    her?
Und dir die Fröhlichkeit, des Lebens Reitz, zu
    stehlen,
Bedarf es nur ein widrig Ungefähr?
Ich weiß, mein Freund, wohin uns mißver-
    standne Güte,
Ein Herz, das Freude liebt, die Klugheit leicht
    vergißt,
Und niemand, als sich selbst, zu schaden fähig
    ist,
Ich weiß wohin sie bringen können.

Doch, alles recht geschätzt, gewinnst du mehr dabey
Als du verlierst. Was Thoren uns mifsgönnen
Beweist nicht stets wie sehr man glücklich sey,
Das wahre Glück, das Eigenthum der Weisen,
Steht fest, indefs Fortunens Kugel rollt.
Dem Reichen mufs die Pracht, die ihm der Indus zollt,
Erst, dafs er glücklich sey, beweisen:
Der Weise fühlt er ist's. Ihm schmecken schlechte Speisen
Aus Thon so gut als aus getriebnem Gold.
Wenn um ihn her die muntern Lämmer springen,
Indem er sorgenfrey in eignem Schatten sitzt,
Und Zefyrn, untermischt mit bunten Schmetterlingen,
Gemählter Wiesen Duft ihm frisch entgegen bringen,
Die Vögel um ihn her aus tausend Zweigen singen,
Und alles, was er sieht, zugleich ergetzt und nützt:
Wie leicht vergifst er da, er, der so viel besitzt,
Dafs sich sein Landhaus nicht auf Marmorsäulen stützt,
Nicht Sklaven ohne Zahl in seinem Vorhof lärmen,
Und Fliegen nur, wenn er zu Tische sitzt,

Die Parasiten sind, die seinen Kohl um-
                  schwärmen!
Kein Schmeichler-Heer belagert seine Thür,
Kein Hof umschimmert ihn! — Er freue sich!
                  dafür
Besitzt er was das jedem Midas fehlet,
Was der Monarch mit Gold zu kaufen fälsch-
                  lich meint,
Was, wer es kennt, vor einer Krone wählet,
Das höchste Gut des Lebens, einen Freund.

„Du schwärmst, Musarion! — Er, dem
                  das Glück den Rücken
Gewiesen, einen Freund?" — Ein Beyspiel
                  siehst du hier,
Erwiedert sie: mich, die von freyen Stücken
Athen verließ, dich sucht', und, da du mir
Entflohest, dir (der mütterlichen Lehren
Uneingedenk) so eifrig nachgejagt,
Wie andre meiner Art vor dir geflohen wären.
Ich dächte, das beweist, wenn einem Mann zu
                  Ehren
Ein Mädchen — sich — und seinen Kopf-
                  putz wagt!

„Ich weiß die Zeit — ich trug noch deine
                  Kette —
(Hier seufzte Fanias) da, mich entzückt
                  zu sehn,
Dich weniger gekostet hätte.

Du durftest, statt mir nachzugehn,
Dich damahls nur nach Art der Nymfen
sträuben,
Die gern an einem Busch im Fliehen hangen
bleiben,
Mit leiser Stimme dräun und lächelnd wider-
stehn:
Allein, wer kann dafür, daſs ungeneigte Winde
Von unsern Wünschen stets den besten Theil
verwehn?
Dieſs ist vorbey! Jetzt, wenn es bey mir
stünde,
Wünscht' ich mir nichts als ein gelaſsnes Blut.
Man nennt mich zu Athen unglücklich — doch,
ich finde,
Zu etwas wie man sagt, ist stets das Unglück
gut;
Durch ein bezaubertes Gewinde
Von süſsem Irrthum hat zuletzt
Die Thorheit selbst mich auf den Weg gesetzt,
Zu werden was ich schien als man mich
glücklich nannte.
Gesegnet seyst du mir, Geburtstag meines
Glücks!
Tag, der mich aus Athen in diese Wildniſs
sandte!
Nicht Fanias, der Günstling des Geschicks,
Nein, Fanias, der Nackte, der Verbannte,
Ist neidenswerth! Da war er wirklich arm,
Unglücklicher als Irus, gleich dem Kranken

Der sich zu Tode tanzt, als Schmeichler,
Schwarm an Schwarm,
Sein Herzensblut aus goldnen Bechern tranken:
Beym nächtlichen Gelag, an feiler Frynen Brust,
Da war er elend, da! ein Sklave, fest gebunden
Von jeder Leidenschaft! ein Opferthier der
Lust!
Wie? Der, der siebenfach von einer Schlang'
umwunden
Auf Blumen schläft und träumt er sitz' auf
einem Thron,
Der sollte glücklich seyn? — Und wenn
Endymion
(Dem Luna, daſs sie ihn bequemer küssen
möge,
So schöne Träume gab) durch eine Million
Von Sonnenaltern stets in süſsen Träumen läge,
Und träumt' er schmaus' am Göttertisch
Mit Jupitern und buhle mit Göttinnen,
Ein süſs betäubendes Gemisch
Von allem was ergetzt berausche seine Sinnen,
Mit Einem Wort, er schwimme wie ein Fisch
In einem Ocean von Wonne —
Sprich, wer geständ' uns, unerröthend, ein,
Er wünsche sich Endymion zu seyn?
Diogenes, der Hund, in seiner Tonne
War glücklicher! — In unsrer eignen Brust,
Da, oder nirgends, flieſst die Quelle wahrer
Lust,
Der Freuden, welche nie versiegen,

Des Zustands dauernder Vergnügen,
Den nichts von aufsen stört! Wie elend hätte mich
Ein Wechsel, der mir alles raubte
Wodurch ich mich vor diesem glücklich glaubte,
Fortunens ganzen Kram, — wie elend hätt' er mich
Gemacht, wenn mir aus ihrer lichten Sfäre
Die Weisheit nicht zu Hülf' erschienen wäre,
Die aus den Wolken mir die Arme reicht, zu sich
Hinauf mich zieht, und mich dahin versetzet,
Wo ihre Lieblinge, frey von Begier und Wahn,
Von keiner Lust gereitzt, von keinem Schmerz verletzet,
Sich den Olympiern und ihrer Wonne nahn."

Hier ward der hohe Schwung, den Fanias zu nehmen
Begriffen war, gehemmt. Schon schwanden Raum und Zeit
Aus seinem Blick, schon fühlt' er sich entkleidt
Vom niederziehenden Gewand der Sterblichkeit,
Schon war er halb ein Gott; — als eine Kleinigkeit,
Die wir uns fast zu sagen schämen,
Ihn plötzlich in die Unterwelt
Zurücke zog. — Ihr mächtigen Besieger

Der Menschlichkeit, die ihr dem Sternenfeld
Euch nahe glaubt — das Herz ist ein Betrüger!
Erkennet euer Bild in **Fanias** und bebt!
Der Weise, der so kühn sich zum Olymp erhebt,
Der schon so hoch empor gestiegen,
Daſs er (wie **Sancho** dort auf **Magellonens Pferd**)
Die purpurnen und himmelblauen Ziegen
Des Himmels grasen sicht, [8] die Sfären singen
   hört,
Und aus der Gluth, die sein Gehirn verzehrt,
Des Feuerhimmels Nähe schlieſset,
Ihn, der nichts Sterblich's mehr mit seinem
   Blick beehrt,
Den stolzen Gast des Äthers, schieſset
Musarion mit einem — Blick herab.
Doch freylich war's ein Blick, nur jenem zu
   vergleichen
Den **Koypel** seinem Amor gab;
Der, euer Herz gewisser zu beschleichen,
Euch schalkhaft warnt, als spräch' er: Seht ihr
   mich?
Ihr denkt, ich sey ein Kind voll süſser Unschuld,
   ich?
Verlaſst euch drauf! Seht ihr an meiner Seite
Den Köcher hier? Wenn euch zu rathen ist,
So flieht! — Und doch, was hilft die kleine
   Frist?
Es sey nun morgen oder heute,
Ihr habt ein Herz, und das ist meine Beute!

So, oder doch in diesem Ton,
So etwas sprach der Blick, womit Musarion
Den weisen Fanias aus seiner Fassung brachte.
Er sah, er stockt', er schwieg; die alte Flamm' erwachte,
Und seine Augen füllt' ein unfreywillig Naſs.
Die Schöne stellte sich sie sehe nichts, und lachte
Nur innerlich. Drauf sprach sie: Fanias,
Es dämmert schon. Ich habe mich zu lange
Bey dir verweilt. Athen ist weit von hier;
In dieser Gegend kenn' ich niemand auſser dir,
Und hier im Hain, gesteh' ich, wäre mir
Die Nacht hindurch vor Ziegenfüſslern bange.
Was ist zu thun? — Ich denk' ich folge dir?

„Mir? stottert Fanias, gewiſs sehr viele Ehre!
Allein, mein Haus ist klein" — Und wenn es kleiner wäre,
Für eine Freundin hat die kleinste Hütte Raum. —
„Du wirst an allem Mangel haben;
Ein wenig Milch, ein Ey, und dieses kaum"—
Mich hungert nicht. — „Nur einen Hirtenknaben,
Dich zu bedienen" — Nur? Es ist an Dem zu viel.

Wir wollen gehn, mein Freund! die Luft wird
   kühl —
„Vergieb, Musarion; ich muſs dir alles
   sagen:
Mein Häuschen ist besetzt; ich habe seit acht
   Tagen
Zwey Freunde, die bey mir" — Zwey
   Freunde? — „Ja, und zwar
Die, däucht mir, nicht zu deinem Umgang
   taugen." —
Was sagst du? — Filosofen gar?
Sie haben doch noch ihre Augen?
Gut, Fanias, ich will sie kennen, ich —
„Du scherzest." — Nein, mein Herr; ich hatte,
   wie ihr mich
Hier seht, von ihrer Art wohl eher
Um meinen Nachttisch stehn. — „Vergieb, ich
   zweifle sehr:
Der stoische Kleanth" — O Ceres! und wer
   mehr?
„Theofron, der Pythagoräer,
Sind schwerlich von so blödem Geist" —
O Fanias, ist alles Gold was gleiſst?
Allein, gesetzt, sie wären lauter Geist,
Was hindert dieſs? Nur desto mehr Vergnü-
   gen! —
„Kurz, wir sind drey, Madam, und auf den
   Mann
Ein kleines Ruhebett" — Man hilft sich wie
   man kann;

Und können wir den Schlaf durch Schwatzen
 nicht betrügen?
Wir gehn, mein Lieber — deinen Arm!
Nun, Fanias? macht dir mein Antrag warm?
Man dächt' es wäre hier wer weiß wie viel zu
 wagen.
Drey Weise werden mir doch wohl gewach-
 sen seyn?
Ich fürchte nichts bey euch, und bin allein.

Was soll er thun? — Wo Widerstreben
Vorm Untergang das Schiff nicht retten kann,
Da wird ein weiser Steuermann
Mit guter Art sich in den Wind ergeben.
Mein Fanias, der nur aus blöder Scheu
Vor seinen Mentorn sich so lange wider-
 setzte,
Schwor, daß er seine Einsiedley
Dem Musentempel ähnlich schätzte,
Weil ihr das Glück beschieden sey
Die liebenswürdigste der Musen zu beschatten.
Schon zeigte sich, daß ihre Reitze noch
Nicht alle Macht auf ihn verloren hatten.
Der ausgetriebne Amor kroch,
So leise, wie auf Blumenspitzen,
Aus ihren Augen in sein Herz.
Des Gottes Ankunft kündt ein fliegendes
 Erhitzen
Der blassen Wang', ein wollustvoller Schmerz
Mit Thränen an, die wider seinen Willen

In runden Tropfen ihm die Augenwinkel
füllen.
Er meint er athme nur, und seufzt; starrt
unverwandt
(Indefs sie schwatzt und scherzt) sie an, als
ob er höre,
Und hört doch nichts; drückt ihr die runde
Hand,
Und denkt, indem durchs steigende Gewand
Die schöne Brust sich bläht, ob diese halbe
Sfäre
Der Pythagorischen nicht vorzuziehen wäre?

   Die Schöne wurde die Gefahr
Worin der Ruhm der Stoa schwebte,
Den Kampf in seiner Brust und ihren Sieg
gewahr,
Und wie vergebens er der Macht entgegen
strebte,
Wovon (so lispelt ihr der Liebesgott ins Ohr)
Die Filosofen selbst, sie wollten
Nun oder wollten nicht, bald Zeugen werden
sollten.
Sie sah, wie nach und nach sein Trübsinn sich
verlor,
Und wie beredt, wie stark sein Auge sagte,
Was er sich selbst kaum zu gestehen wagte:
Allein, sie fand für gut, (und that sehr klug
daran)
Ihm, was sie sah, und ihrer beider Seelen

Geheime Sympathie zur Zeit noch zu ver-
hehlen.
Nur sah sie ihn mit solchen Blicken an,
Die er berechtigt war so günstig auszulegen
Als ihm gefiel. Allein, macht die Begier ver-
wegen,
So macht die Liebe blöd. Er sah in ihrem
Blick
Sonst jeden Reitz, nur nicht sein nahes
Glück.

So langten sie, da schon die letzten Strah-
len schwanden,
Bey seinem Landgut an, wo sie das weise
Paar,
Von Linden die im Vorhof standen
Umduftet, unverhofft in einer Stellung fanden,
Die der Filosofie nicht allzu rühmlich war.

Anmerkungen.

1) S. 3. Und was ihm noch zum Timon
fehlt —

Eine Anspielung auf den armseligen Aufzug, worin Lucian in einem seiner dramatischen Dialogen den berüchtigten Timon, den Menschenhasser, aufführt. — „Wer ist denn (fragte der auf die Erde herab schauende Jupiter den Merkur) da unten am Fuße des Hymettus der lumpige schmutzige Kerl in dem Ziegenpelze, der ihm kaum bis über die Hüften reicht?" u. s. w. S. Lucians sämmtl. Werke, I. Theil, S. 60 der neuen Deutschen Übersetzung.

2) S. 3. Als hätt' er den, der einst den Krates deckte,
Vom Aldermann der Cyniker geerbt.

In der Ausgabe von 1769 lautete der letzte Vers so:
    (Ihr wißt ja wo?) vom Diogen geerbt.
Nun wußten aber die meisten Leser nicht wo? Man hat also für besser gehalten, den Vers abzuändern, und dem Leser, dem die Anekdote, auf welche hier angespielt wird, unbekannt oder entfallen seyn könnte, durch eine kleine Anmerkung zu dienen. Der Sinn

dieser Stelle ist also: Der Mantel des aus seinem ehmahligen Wohlstande, gleich dem Timon, herunter gekommenen **Fanias**, der seine ganze Kleidung ausmachte, habe so abgenützt ausgesehen, als ob es eben derselbe wäre, welchen **Diogenes** über seinen Freund und Schüler **Krates** ausgebreitet haben soll, als dieser (aus einem kleinen Übermaſs von Eifer, die Cynische Lehre, „**daſs nichts natürliches schändlich sey**," durch eine auffallende That zu bekräftigen) sich die Freyheit nahm, sein Beylager mit der schönen **Hipparchia** in der groſsen Halle (**Stoa**) zu Athen öffentlich zu vollziehen. — Daſs dem **Diogenes** die Benennung eines **Aldermanns der Cyniker** zukomme, bedarf wohl keines Beweises, und man hat sie in dieser Ausgabe der in einigen vorgehenden, wo es, dem **Aldermann der Stoiker**, d. i. dem **Zeno**, hieſs, vorgezogen, weil von einem Mantel, der vom Diogenes bis auf den Zeno, und sodann weiter von einem filosofischen Bettler zum andern, endlich bis auf den Fanias fortgeerbt worden wäre, wahrscheinlich gar nichts mehr als Fetzen übrig geblieben seyn müſsten.

3) S. 3. **Wo auch Sokraten zechten —**

Daſs Sokrates bey Gelegenheit ein strenger Zecher gewesen sey, erhellet aus verschiedenen Stellen des Platonischen **Symposion**. So rühmt es ihm zum Beyspiel **Agathon**, der Wirth in diesem berühmten Gastmahl, als keinen geringen Vorzug vor den übrigen Anwesenden nach, daſs er den Wein besser ertragen könne als die stärksten Trinker unter ihnen; und der junge Alcibiades, da er, um die Gesellschaft zum Trinken einzuladen, dem Sokrates einen groſsen Becher voll Wein zubringt, setzt hinzu: „Gegen den Sokrates, meine Herren, wird mir dieser Pfiff nichts helfen; denn der trinkt so viel als man will, und ist doch in seinem Leben nie betrunken gewesen." — Auch leert Sokrates den voll geschenkten Becher nicht nur rein aus, sondern, nachdem, auf eine ziemlich lange Pause, das Trinken wegen einiger noch von ungefähr hinzu gekommenen Bacchusbrüder von neuem angegangen war, und, unter mehrern andern, die es nicht länger aushalten konnten, auch Aristodemus sich in irgend einen Winkel zurück gezogen hatte und eingeschlafen war, fand dieser, als er um Tagesanbruch wieder erwachte und ins Tafelzimmer zurück kam, daſs alle andern weggegangen, und nur Agathon, Aristofanes und Sokrates allein noch auf waren, und aus einem groſsen Becher tranken. Sokrates dialogierte noch immer mit ihnen fort, und fühlte sich durch allen Wein, den er die ganze Nacht durch zu sich genommen hatte, so wenig verändert, daſs er, als es Tag geworden war, mit besagtem Aristodemus ins Lyceon baden ging, und, nachdem er den ganzen Tag nach seiner gewöhnlichen Weise zugebracht, erst gegen Abend sich nach Hause zur Ruhe begab. — Ein Zug seines Temperaments, welcher (däucht uns) bey Schätzung seines sittlichen Karakters nicht aus der Acht zu lassen ist. Denn mit einem solchen Temperamente kann es, bey einem einmahl fest gefaſsten Vorsatz, eben nicht sehr schwer seyn, immer Herr von seinen Leidenschaften zu bleiben.

4) S. 6. *Ein Dichter, der zwar selbst beym ersten Anlaſs floh —*

Horaz, der, ungeachtet seines „Süſs ist's und edel sterben fürs Vaterland," in einem andern Gesang offenherzig genug ist zu gestehen, daſs er in der Schlacht bey Filippi sogar seinen kleinen runden Schild von sich geworfen habe, um dem schönen Tod fürs Vaterland desto hurtiger entlaufen zu können. — Wiewohl nicht zu verschweigen ist, daſs unser Autor selbst an einem andern Orte nicht ganz unerhebliche Grüude, den Dichter gegen sich selbst zu rechtfertigen, vorgebracht zu haben scheint. S. die erste Erläuterung zur zweyten Epistel des Horaz an Julius Florus.

5) S. 8. *Filipps Sohn* — Alexander der Groſse. Ninias, Sohn des Ninus und der Semiramis, ein Assyrischer König, von welchem die Geschichte nichts zu sagen hat, als daſs er die acht und zwanzig Jahre seiner Regierung (wie man bey seines gleichen das *divino far niente* nennt) in der üppigsten Unthätigkeit in seinem Harem zwischen Weibern und Höflingen verträumt habe.

6) S. 8. *Damit der Pöbel von Athen —*

„O ihr Athener, (soll Alexander, als er in einem äuſserst mühseligen und gefährlichen Abenteuer am

Flusse Hydaspes in Indien begriffen war, ausgerufen haben) werdet ihr jemahls glauben können, was für Gefahren ich laufe, um mir euere gute Meinung zu erwerben?"

7) S. 10. Als ob ein **Arimasp** ihn jagte — Die Arimaspen sind (wie uns Plinius unter der Gewährleistung der berühmten Geschichtschreiber **Herodot** und **Aristeas** meldet) ein Skythisches Volk, das im äufsersten Norden, unweit der Höhle des Nordwindes wohnt, nur Ein Auge mitten auf der Stirne hat, und in ewigem Kriege mit den **Greifen** lebt, um ihnen das Gold zu rauben, welches diese ungeheuren Vögel mit unersättlicher Begierde aus den Adern der Erde hervor scharren, blofs um das Vergnügen zu haben, ihre Goldhaufen Tag und Nacht zu bewachen und gegen die Arimaspen zu vertheidigen. Das, was an diesem Mährchen historisch wahr ist, gehört nicht hierher.

8) S. 28. Dafs er, wie **Sancho** dort auf **Magellonens Pferd** —
Unter andern Wunderdingen, welche Sancho Pansa auf dieser eingebildeten Luftreise gesehen haben wollte, waren auch die sieben himmlischen Ziegen, (das Siebengestirn) mit denen er sehr gute Bekanntschaft gemacht zu haben vorgab, und von welchen, wie er getrost versicherte, zwey grün, zwey fleischfarben, zwey himmelblau, und eine von gemischter Farbe sind.

———

MUSARION

ZWEYTES BUCH.

ZWEYTES BUCH.

Was, beym Anubis! konnte das
Für eine Stellung seyn, in welcher Fanias
Die beiden Weisen angetroffen?
„Sie lagen doch — wir wollen bessers hoffen! —
Nicht süſsen Weines voll im Gras?" —
Dieſs nicht. — „So ritten sie vielleicht auf
          Steckenpferden?"
Das könnte noch entschuldigt werden;
Plutarchus rühmt sogar es an Agesilas. [1]
Doch von so fei'rlichen Gesichtern, als sie
          waren,
Vermuthet sich nichts weniger als das.
Ihr Zeitvertreib war in der That kein Spaſs;
Denn, kurz, sie hatten sich einander bey den
          Haaren.

Der nervige Kleanth war im Begriff, ein
          Knie
Dem Gegner auf die Brust zu setzen,
Der, unter ihn gekrümmt, für die Filosofie,
Die keine Bohnen iſst, [2] die Haare lieſs; als sie
In ihrem Skythischen Ergetzen

Des Hausherrn Ankunft stört. Beschämt, als hätte ihn
Sein Feind bey einer That, die keine fremde Leute
Zu Zeugen nimmt, ertappt, zum Stehn wie zum Entfliehn
Unschlüssig, wünscht er nur dem Gast an seiner Seite
Ein Schauspiel zu entziehn, das Sie weit mehr erfreute
Als von Menandern selbst (dem Attischen Goldon)
Das beste Stück. Allein sie waren schon
Zu nah, sie sah zu gut, der Schauplatz war zu offen,
Er konnte nicht sie zu bereden hoffen
Sie habe nichts gesehn. Die Kämpfer raffen sich
Indessen auf; sie ziehen sittsamlich
Die Mäntel um sich her, und stehen da und sinnen
(Weil Fanias, damit sie Zeit gewinnen,
Die Nymf' am Arm, nur schleichend näher kam)
Der Schmach sich selbst bewußter Scham
Durch dialektische Mäander zu entrinnen.
Vergebens, wenn Musarion
Großmüthig ihnen nicht zuvor gekommen wäre.
„Die Herren üben sich, spricht mit gelaßnem Ton

Die Spötterin, vermuthlich nach der Lehre,
Daſs Leibesübung auch des Geistes Stärke
nähre.
Ein männlich Spiel fürwahr! wovon
Mit bestem Recht zu wünschen wäre,
Daſs unsrer Sitten Weichlichkeit
Nicht allgemach es aus der Mode brächte."

Man sieht, sie gab dem wilden Stiergefechte
Ein Kolorit von Wohlanständigkeit;
(Nicht ohne Absicht zwar) — Wer war dabey
so freudig
Als Fanias! — Allein der stoische Kleanth
(Zu hitzig oder ungeschmeidig
Zu fühlen, daſs es bloſs in seiner Willkühr
stand
Das Kompliment in vollem Ernst zu nehmen)
Zwang seinen Schüler sich noch mehr für ihn
zu schämen.
Der Augenblick, worin Musarion
Ihn überfiel, ihr Blick, der schalkhaft sanfte
Ton
Der Ironie, und (was noch zehnmahl schlimmer
Als alles andre war) ihr ungewohnter Schimmer,
Die Majestät der Liebeskönigin,
Das Wollustathmende, das eine Atmosfäre
Von Reitz und Lust um sie zu machen schien,
Bestürmt auf einmahl, für die Ehre
Der Apathie 3) zu stark, den überraschten
Sinn.

Er stottert ihr Entschuldigungen,
Zupft sich am Bart, zieht stets den Mantel
   enger an,
Und unterdeſs entwischt dem weisen Mann
Was niemand wissen will, — er hab' im
   Ernst gerungen.
Der Streit, versichert er, ging eine Wahrheit an,
Die er so sonnenklar, so scharf beweisen kann,
Nur ein Arkadisch Thier, ein Straufs, ein
   Auerhahn —
Hier röthet sich sein Kamm, es schwellen Brust
   und Lungen,
Er schreyt — Mich jammert nur der arme
   Fanias!
Bald lauter Gluth, bald leichenmäfsig blafs,
Steht er beyseits und wünscht vom Boden sich
   verschlungen
Worauf er steht. — Die Schöne sieht's, und eilt
Ihn von der Marter zu erretten.
Mit einem Blick voll junger Amoretten
Und Grazien, der stracks an unsichtbare Ketten
Kleanthens Tollheit legt, Theofrons
   Rippen heilt,
Spricht sie: Wenn's euch beliebt, so machen
   wir die Fragen,
Wovon die Rede war, zu unserm Tisch-
   konfekt;
Ich zög' ein solch Gespräch, sogar bey leerem
   Magen,
Der Tafel vor, die Ganymedes deckt.

Wie freu' ich mich, dafs ich den Weg verloren,
Da mir das Glück so viel Vergnügen zugedacht!
Glücksel'ger Fanias, der Freunde sich
    erkohren,
Von denen schon der Anblick weiser macht!
Jetzt wundert mich nicht mehr, wenn er zum
    Spott der Thoren
Mitleidig lächeln kann, und, glücklich, wie
    er ist,
Athen und uns und alle Welt vergifst!

  So sprach sie; und mit Ohren und mit Augen
Verschlingt das weise Paar was diese Muse
    spricht:
Begier'ger kann die welke Rose nicht
Den Abendthau aus Zefyrs Lippen saugen.
Zusehens' schwellen sie von selbst-bewufstem
    Werth:
Nicht, dafs ein fremdes Lob sie dessen erst
    belehrt;
Nur hört man stets mit Wohlgefallen
Aus andrer Mund das Urtheil wiederhallen,
Womit uns innerlich die Eitelkeit beehrt.
Ein Filosof bleibt doch uns andern allen
Im Grunde gleich: wär' er so stoisch als ein
    Stein,
Und hätte nichts die Ehr' ihm zu gefallen,
Er selbst gefällt sich doch! Schmaucht ihn mit
    Weihrauch ein,
Und seyd gewifs, er wird erkenntlich seyn.

Es stieg demnach von Grad zu Grade
Der Schönen Gunst bey userm Weisenpaar;
Ihr lachend Auge fand selbst vor der Stoa
　　　　Gnade,
Und man vergab es ihr, daſs sie so reitzend war.

　　Ein kleiner Sahl, der von des Hauswirths
　　　　Schätzen
Kein allzu günstig Zeugniſs gab,
Nahm die Gesellschaft auf. Ein ungekämmter
　　　　Knab'
Erschien, die Tafel aufzusetzen,
Lief keuchend hin und her, und hatte viel zu
　　　　thun
Bis er ein Mahl zu Stande brachte,
Wovon ein wohlbetagtes Huhn
(Doch nicht, der Regel nach, die Kacius
　　　　erdachte, 4)
In Cypernwein erstickt) die beste Schüssel
　　　　machte.

　　Ob die Filosofie des guten Fanias
Der schönen Nymfe gegen über
Bey einem solchen Schmaus so gar gemäch-
　　　　lich saſs,
Läſst man dem Leser selbst zu untersuchen über.
Ein wenig falsche Scham, von der er noch nicht
　　　　ganz
Sich los gemacht, schien ihn vor einem Zeugen
Von seines vor'gen Wohlstands Glanz

Ein wenig mehr als nöthig war zu beugen.
Allein der Dame Witz, die freye Munterkeit,
Die was sie spricht und thut mit Grazie bestreut,
Und dann und wann ein Blick voll Zärtlichkeit,
Den sie, als ob sie sich vergäfs', erst auf ihn heftet
Dann seitwärts glitschen läfst, entkräftet
Den Unmuth bald, der seine Stirne kräust;
Stets schwächer widersteht sein Herz dem süfsen Triebe,
Und, eh' er sichs versieht, beweist
Sein ganzes Wesen schon den stillen Sieg der Liebe.

Indessen wird, so sichtbar als es war,
Den beiden Weisen doch davon nichts offenbar,
Ob sie die Schöne gleich mit grofsen Augen messen.
Die Herren dieser Art blendt oft zu vieles Licht;
Sie sehn den Wald vor lauter Bäumen nicht.
Doch sind die unsrigen entschuldigt; denn indessen
Dafs Fanias ein liebliches Vergessen
Von allem, was sein steifer Pädagog
Ihm jemahls vorgeprahlt, aus schönen Augen sog,
War auf Musarions Verlangen
Das akademische Gefecht schon angegangen,
Womit sie etwas sich zu gut zu thun beschlofs.

Kleanth bewies bereits: „Der Weise nur sey groſs
Und frey, geringer kaum ein wenig
Als Jupiter, ein Krösus, ein Adon,
Ein Herkules, und zehnmahl mehr ein König
Auf mürbem Stroh als Xerxes auf dem Thron;
Des Weisen Eigenthum, die Tugend, ganz alleine
Sey wahres Gut, und nichts von allem dem
Was unsern Sinnen reitzend scheine
Sey wünschenswürdig" — Kurz, die Wuth für sein System
Ging weit genug, ganz trotzig, ohne Röthe,
Zu prahlen: „Wenn in Cypriens Figur
Die Wollust selbst leibhaftig vor ihn träte,
Schön, wie die Göttin sich dem Sohn der Myrrha 5) nur
Bey Mondschein sehen ließ, — und diese Venus böte
Auf seinem Stroh ihm ihre schöne Brust
Zum Polster an — ein Mann wie Er verschmähte
Den süſsen Tausch." —

        Hier war es, wo die Lust
Des Widerspruchs Theofron sich nicht länger
Versagen kann — ein Mann von krausem schwarzem Bart
Und Augen voller Gluth, kein übler Sänger

Und Citharist, dabey ein Grillenfänger
So gut als jener, nur von einer andern Art.
Das geht zu weit, (fiel er Kleanthen in die Rede)
Zum mindsten führet es gar leicht zu Mifsverstand.
Nicht dafs ich hier das Wort der Wollust rede
Im gröbern Sinn! Die ist unläugbar eitel Tand
Und Schaum und Dunst, ein Kinderspiel für blöde
Unreife Seelen, die mit ihren Flügeln noch
Im Schlamm des trüben Stoffes stecken. 6)
Doch sollt' uns nicht die Nektartraube schmecken,
Weil ein Insekt auf ihrem Purpur kroch?
Der Mifsbrauch darf nicht unser Urtheil leiten:
Alt ist der Spruch, zu selten sein Gebrauch!
Saugt nicht auf gleichem Rosenstrauch
Die Raupe Gift, die Biene Süfsigkeiten?

Begeistert wie ein Korybant,
Und von Musarion die Augen unverwandt,
Fing jetzt Theofron an, in dichterischen Tönen,
Vom Ersten Wesentlichen Schönen
Zu schwärmen: „Wie das alles, was wir sehn
Und durch der Sinne Dienst mit unsrer Seele gatten,
Von dem, was übersinnlich schön
Und göttlich ist, nur wesenlose Schatten,
Nur Bilder sind, wie wenn in stiller Flut,

Von Büschen eingefaſst, sich Sommerwolken
    mahlen."
Von da erhob er sich, bey immer wärmerm Blut,
„Zu den geheimniſsvollen Zahlen,
Zur sfärischen Musik, zum unsichtbaren Licht,
Zuletzt zum Quell des Lichts." — Ekstatischer
    hat nicht,
Wie aus der alten Nacht die schöne Welt ent-
    sprungen,
Und vom Deukalion, und von der goldnen
    Zeit,
Virgils Silen den Knaben vorgesungen,
Die ihn im Schlaf erhascht und zum Gesang
    gezwungen.

Dann fuhr er fort, und sprach „vom Tod der
    Sinnlichkeit,
Und wie durch magische geheime Reinigungen
Die Seele nach und nach vom Stoffe sich
    befreyt,
Und wie sie, durch Enthaltsamkeit
Von Erdetöchtern und — von Bohnen,
Zum Umgang tüchtig wird mit Göttern und
    Dämonen,
Bis sie (dem Wurme gleich, der in die Som-
    merluft
Auf neuen Flügeln sich erhebet)
Dem Stoff sich ganz entreiſst und ihres Körpers
    Gruft,
Zur Göttin wird und unter Göttern lebet."

Belustigt an dem hohen Schwung,
Den unser Doktor nahm, stellt sich die schlaue
  Schöne,
Als ob vor Hörenslust und vor Bewunderung
Ihr Busen sich in seinen Fesseln dehne.
Zum Unglück für den Mann, der lauter Wunder
  spricht,
Entsteht dadurch (und sie bemerkt es nicht)
Ich weiſs nicht welche kleine Lücke,
Die seinen Flug auf einmahl unterbricht;
Und wie zuletzt die Richtung seiner Blicke
Ihr sichtbar macht was ihn zerstreut,
Und sie beschäftigt scheint den Zufall zu ver-
  bessern,
Hat sie die Ungeschicklichkeit,
(Wofern's nicht Bosheit war) das Übel zu ver-
  gröſsern.

Der Umstand ist an sich nur eine Kleinigkeit;
Doch wird vielleicht die Folge zeigen
Daſs er entscheidend war. Es folgt ein tiefes
  Schweigen,
Wobey Kleanth sogar das volle Glas,
Und, was kaum glaublich ist, die Lust zum
  Zank vergaſs;
Indeſs, vertieft in Sinus und Tangenten,
Der Jünger des Pythagoras
Den wallenden Kontur 7) gewisser Sfären maſs,
Woran die Lambert selbst sich übermessen
  könnten;

Vor Amorn unbesorgt, der hier zu lauern pflegt,
Und schon den schärfsten Pfeil auf seinen Bogen
legt.

Mit lächelnder Verachtung sieht die Dame
Das weise Paar, mit seinem Flitterkrame
Von falschen Tugenden und grofsen Wör-
tern, an;
Und eh' die Herren sichs versahn,
Weifs sie mit guter Art den unbescheidnen
Blicken,
Was ihres gleichen zu entzücken
Die Charitinnen nicht mit eigner Hand
So schön gedreht, auf einmahl zu entrücken;
Und alles sinkt sogleich in seinen alten Stand.

Drauf sprach sie: In der That, man kann
nichts schöners hören,
Als was Theofron uns von unsichtbarem
Licht,
Von Eins und Zwey, von musikalschen Sfären,
Vom Tod der Sinnlichkeit und von Vergött'rung
spricht.
Wie Schade, wär' es nur ein schönes Luft-
gesicht,
Wornach er uns die Lippen wässern machte!
Und doch, der Weg zu diesem stolzen Glück
Ist, däucht mir, das, woran er nicht gedachte?

Theofron, noch ganz warm von dem was
    seinem Blick
Entzogen war, und voll von wollustreichen
    Bildern,
Beginnt den Weg, den Prodikus so schmal
Und rauh und dornig mahlt, 8) so angenehm
    zu schildern,
So lachend wie ein Rosenthal
Zu Amathunt, dem Aufenthalt der Freuden.
Ein Sybarit, der einen Weg aus beiden
Zu wählen hätt', erwählte sonder Müh
Den blumigen, den die Filosofie
Theofrons ging, — durch zauberische
    Schatten,
Wo Geist und Körper sich, bey ungewissem
    Licht,
In schöne Ungeheuer gatten,
Und Amor, nicht der kleine Bösewicht
Den Koypel mahlt, ein andrer von Ideen,
Wie der zu Gnid von Grazien, umschwebt,
Ein Amor, der vom Haupt bis zu den Zehen
Voll Augen ist und nur vom Anschaun lebt,
Der Seele Führer wird, sie in die Wolken
    hebt,
Und, wenn er sie zuvor — in einem kleinen
    Bade
Von Flammen — wohl gereinigt und gefegt,
Sie stufenweis durch die gestirnten Pfade
Bis in den Schooß des höchsten Schönen trägt.

Doch eh' zu so erhabner Liebe
Die Seele leicht genug sich fühlt,
Befreyt Theofron sie vorher von jedem Triebe,
Der thierisch im Morast des groben Stoffes
 wühlt.
"Und hier ist's, fährt er fort, wo unsre After-
 weisen
Ein falsches Licht verführt. Die guten Leute
 preisen
Uns ihre **Apathie** als ein Geheimniſs an,
Das uns zu mehr als Göttern machen kann. 9)
Nach ihnen soll der Weise alles meiden
Was Aug' und Ohr ergetzt; so kleine Kinder-
 freuden
Sind ihm zu tändelhaft; stets in sich selbst
 gekehrt
Beweist er sich **allein** durch das was er **ent-
 behrt**
Die Gröſse seines Glücks, fühlt nichts, um nichts
 zu leiden,
Und — irret sehr. Das **Schöne** kann allein
Der Gegenstand von unsrer Liebe seyn;
Die groſse Kunst ist nur, vom **Stoff** es **abzu-
 scheiden.**
Der Weise fühlt. Dieſs bleibt ihm stets gemein
Mit allen andern Erdensöhnen:
Doch diese stürzen sich, vom körperlichen
 Schönen
Geblendet, in den Schlamm der Sinnlichkeit
 hinein,

Indessen wir daran, als einem Wiederschein,
Ins Urbild selbst zu schauen uns gewöhnen.
Diefs ist's, was ein Adept in allem Schönen sieht,
Was in der Sonn' ihm strahlt und in der Rose blüht.
Der Sinnensklave klebt, wie Vögel an der Stange,
An einem Lilienhals, an einer Rosenwange;
Der Weise sieht und liebt im Schönen der Natur
Vom Unvergänglichen die abgedrückte Spur.
Der Seele Fittich wächst in diesen geist'gen Strahlen,
Die, aus dem Ursprungsquell des Lichts
Ergossen, die Natur bis an den Rand des Nichts
Mit fern nachahmenden nicht eignen Farben mahlen.
Sie wächst, entfaltet sich, wagt immer höhern Flug,
Und trinkt aus reinern Wollustbächen;
Ihr thut nichts Sterbliches genug,
Ja, Götterlust kann einen Durst nicht schwächen
Den nur die Quelle stillt. So, meine Freunde, wird,
Was andre Sterbliche, aus Mangel
Der höhern Scheidekunst, gleich einer Flieg' am Angel,
Zu süfsem Untergange kirrt,
So wird es für den echten Weisen
Ein Flügelpferd zu überird'schen Reisen.

„Auch die Musik, so roh und mangelhaft
Sie unterm Monde bleibt — denn, ihrer Zauberkraft
Sich recht vollkommen zu belehren,
Muſs man, wie Scipio, die Sfären
(Zum wenigsten im Traume) singen hören — 10)
Auch die Musik bezähmt die wilde Leidenschaft,
Verfeinert das Gefühl, und schwellt die Seelenflügel;
Sie stillt den Kummer, heilt die Milzsucht aus dem Grund,
Und wirkt (zumahl aus einem schönen Mund)
Mehr Wunderding' als Salomonis Siegel."

Hier kann Kleanth nicht länger ruhn;
Er muſs, vom Wahrheitsdrang gezwungen,
Der Schwärmerey des Mannes Einhalt thun;
Denn alles was Theofron uns gesungen,
War, seinem Urtheil nach, vollkommner Aberwitz.
Schon richtet er auf seinem Polstersitz,
Den rechten Arm entblöſst, die Stirn in stolzen Falten,
Sich drohend auf, und hat, noch eh' er spricht,
Den leichten Sieg bereits erhalten;
Als ihn ein Auftritt unterbricht,
Auf den das weise Paar sich nicht gefaſst gehalten.

Der Sahl eröffnet sich, und eine Nymfe tritt
Herein, das Haupt mit einem Korb beladen,
Den Busen leicht verhüllt, und gleich den Oreaden
So hoch geschürzt, daſs jeder schnelle Schritt
Den schlanken Fuſs bis an die feinsten Waden,
Und oft sogar ein Knie von Wachs entdeckt,
Das eilend wieder sich im dünnen Flor versteckt.
Nicht schöner mahlt die Heben und Auroren
Alban, der, wie ihr wiſst, so gerne Nymfen mahlt.
Mit Einem Wort, sie war so auserkohren,
Daſs unser Theosof (beym ersten Blick verloren
Im Wiederschein, der ihm entgegen strahlt)
Die Düfte nicht empfindt, die aus dem Korbe steigen,
Und die Kleanth mit Mund und Nase in sich schlürft.
Musarion, die sich den Ausgang schon entwirft,
Winkt ihrem Freund ein Pythagor'sches Schweigen,
Indeſs den Korb die schöne Sklavin leert,
Und mit sechs groſsen Nektarkrügen,
(Genug von einem Faun den Weindurst zu besiegen)
Mit Früchten und Konfekt den runden Tisch beschwert.

Die Herren (spricht hierauf die Schöne) haben beide
Mich wechselsweise, so wie jeder sprach, bekehrt:
Wie sehr ich auch das Glück der **Apathie** beneide,
So däucht mich doch die geist'ge Augenweide,
Die uns **Theofron** zeigt, nicht minder wünschenswerth.
Erlaubet, daſs ich mich ein andermahl entscheide.
Es sey der Rest der Nacht, der mich so viel gelehrt,
Den Musen heilig und der Freude!
Nimm, **Fanias**, die Schal', und gieſs sie aus
Der himmlisch lächelnden Cytheren;
Und du **Theofron**, gieb uns einen Ohrenschmaus,
Und laſs zum Saitenspiel uns deine Stimme hören.

Das leichte filosof'sche Mahl
Verwandelt nun (Dank sey der **Oreade**,
Die **Hebens** Dienste thut) durch unbemerkte Grade
Sich in ein kleines Bacchanal.
Zwar läſst zum Lob des unsichtbaren Schönen
Der bärtige Apoll das ganze Haus ertönen;
Allein sein Blick, der nie von **Chloens** Busen weicht,

Beweist, wie wenig was er **fühlet**
Dem was er **singt**, und einer Rolle gleicht,
Die auch der künstlichste Komödiant so leicht
Und ungezwungen nie, wie seine eigne,
    spielet.
Die lose Sklavin hilft des Weisen Lüstern-
    heit
Durch listige Geschäftigkeit
Mit jedem Augenblick lebhafter anzufachen;
Stets ist sie um ihn her, und macht sich
    tausend Sachen
Mit ihm zu thun, in immer hellerm Glanz
Die Reitzungen ihm vorzuspiegeln,
Die nur zu sehr die Seel' in ihm beflügeln
Die unterm Zwerchfell thront. [11]) Ein grofser
    Blumenkranz.
Womit sie seine Stirne schmücket,
Vollendet was ihm fehlt, damit wer ihn
    erblicket,
Wie er den Zärtlichen und Angenehmen macht,
Fast überlaut ihm an die Nase lacht.

Wie traurig, **Fanias**, siehst du die
    schönste Nacht,
Dir ungenützt, bey diesem Spiel verstreichen!
Er gähnt die Freundin kläglich an,
Er winkt, er seufzt: umsonst, sie folget
    ihrem Plan,
Und denkt vielleicht nicht weniger daran
Ihn mit dem seinen zu vergleichen.

Zu ihrer Freude bringt der schlauen Chloe
  Kunst
Den schlüpfrigen Pythagoräer
Dem abgeredten Ziel zusehens immer näher.
Er buhlt durch Blicke schon um ihre Gegen-
  gunst
So feierlich, antwortet ihren Blicken
Mit so fanatischem, so komischem Entzücken,
Daſs Hogarths Laune selbst kaum weiter
  gehen kann.
Wozu, Verführerin, bietst du den Nektar-
  becher
Dem Lechzenden so zaubrisch lächelnd an?
Sein Brand bedarf kein Öhl! Nimm lieber
  einen Fächer,
Und kühle seinen Mund und seiner Wangen
  Gluth!
Wohnt so viel Grausamkeit in sanften Mäd-
  chenseelen?
Glaubt ihr ein weiser Mann sey nicht von
  Fleisch und Blut?
Doch Chloe weiſs vermuthlich was sie thut;
Sie hat die Miene nicht, ihn unbelohnt zu
  quälen.

Nicht wenig stolz auf sein gefrornes
  Blut,
Beweist indeſs mit hoch empor geworfner Nase
Kleanth, der Stoiker, bey oft gefülltem
  Glase,

Daſs Schmerz kein Übel sey, und Sinnenlust
kein Gut.
Ihm hängt, wie dort Horaz, dem trägen
Lastbaren Thiere gleich, sein Lehrling, weil
er muſs,
Verzweiflungsvoll ein schläfrig Ohr entge-
gen, 12)
Und widerspricht zuletzt aus Langweil und
Verdruſs.
Natürlich reitzet dieſs noch mehr des Weisen
Galle;
Im Eifer schenkt er sich nur desto öfter
ein,
Glaubt, daſs er Wasser trinkt, nicht Wein,
Und demonstriert den Aristipp, und alle
Die seiner Gattung sind, in Circens Stall
hinein.

Sein Eifer für den Lieblingssatz der
Halle, 13)
Durch jeden Widerspruch und jedes Glas
vermehrt,
Hat von sechs Flaschen schon die dritte aus-
geleert;
Als der Planetentanz, 14) womit der Geister-
seher
Die Dame zum Beschluſs ergetzt,
Ihn vollends ganz in Flammen setzt.
Nun wird nichts mehr verschont: Ägypter
, und Chaldäer 15)

Erfahren seine Wuth, wie Er des Weingotts
Macht;
Und eh' der Tänzer noch uns von den Antipoden
Den Gott des Lichts zurück gebracht,
Fällt taumelnd sein Rival und liegt besiegt
zu Boden.

Der dritte Akt des Lustspiels schliefst
sich nun,
Und alles sehnet sich, den Rest der Nacht
zu ruhn.
Kleanth, der, wie er lag, Virgils
Silenen
Nicht übel glich, (nur dafs er nicht erwacht,
So sehr ihn Chloe zwickt, so laut man um
ihn lacht)
Wird standsgemäfs, umtanzt von beiden
Schönen,
Mit Bacchischem Triumf in — einen Stall
gebracht,
Und lachend wünschet man einander gute
Nacht.

Anmerkungen.

1) S. 41. An Agesilas —

Der Reim muſs die kleine Freyheit entschuldigen, daſs der Nahme Agesilaus hier in Französischer Gestalt erscheint. Dieser berühmte Spartanische König war ein so gefälliger Vater, daſs er einsmahls von einem seiner Freunde überrascht wurde, da er mit seinen Kindern auf dem Steckenpferde herum trabte. Sage ja niemanden etwas davon, sagte Agesilaus zu ihm, bis du selbst Vater bist.

2) S. 41. Die Filosofie die keine Bohnen iſst —

Die Pythagorische. Das Verbot ihres Meisters, sich der Bohnen zu enthalten, (über dessen wahren Grund schon viel vergebliches geschrieben worden ist) wurde von den ersten Pythagoräern so heilig beobachtet, und so weit getrieben, daſs einige von ihnen, da sie sich von ihren nachsetzenden Feinden nicht anders als durch ein Bohnenfeld retten konnten, lieber den Feinden in die Hände liefen — *si fabula vera est.*

3) S. 45. **Für die Ehre der Apathie —**

So nannten die Stoiker die vollkommene Gleichgültigkeit ihres Weisen gegen alle sinnlichen Eindrücke von Schmerz und Vergnügen, die ihn natürlicher Weise allen Leidenschaften unzugänglich machen mufste.

4) S. 46. **Der Regel nach, die Kacius erdachte —**

„Kommt (sagt dieser durch seine von Horaz aufbehaltenen Aforismen aus der Küchenfilosofie berühmt gewordene Epikuräer)

„Kommt unvermuthet dir des Abends spät
Ein Gast noch auf den Hals, so lafs dir rathen,
Das alte zähe Huhn, (womit die Noth
Dich ihn bewirthen heifst) damit es ihm
Nicht in den Zähnen stecken bleibe, in
Falerner Moste zu ersticken —"

Horaz. Satiren, 2. B. 4. S.

5) S. 48. **Dem Sohn der Myrrha —**

Dem Adonis, dem geliebtesten unter ihren sterblichen Günstlingen.

6) S. 49. Die mit ihren Flügeln noch im
   Schlamm des Stoffes stecken —

Anspielung auf eine von den Pythagoräern und von Plato aus einer uralten morgenländischen Vorstellungsart angenommene Lehre von der dämonischen Natur der menschlichen Seele, ihrer Präexistenz in der Geisterwelt und ihrem Sturz in die Materie, wovon der göttliche Plato in seinem **Fädrus**, im zehnten Buche von den **Gesetzen**, im **Timäus**, u. a. O. uns mancherley schwer zu begreifende Dinge offenbart.

7) S. 51. Das Wort **Kontur** (*Contour, Conturno*) scheint uns unter diejenigen ausländischen **Kunstwörter** zu gehören, welche man sonst, aus Ermanglung eines gleichbedeutenden Deutschen Wortes, immer nur durch Umschreibung zu geben genöthigt wäre; denn **Kontur** und **Umriß** sind keineswegs gleichbedeutend. **Umriß** heißt bloß das, was von der Form eines Körpers durch den Sinn des **Gesichts** erkannt wird: **Kontur** hingegen bezeichnet eigentlich die Vorstellung, die wir von einer körperlichen Form vermittelst des **Gefühls** und **Betastens** erhalten. Es ist eine bloße Täuschung — nicht unsrer **Sinne**, sondern unsers voreiligen **Urtheils**, wenn wir den Kontur eines Körpers (z. B. der Sfären, wovon hier die Rede ist) zu **sehen** glauben. Bevor wir ihn durch das Gefühl ausgetastet, haben wir von seiner Form nur

eine sehr mangelhafte Vorstellung, weil uns das Auge nicht mit der Dichtheit, Rundung, Eckigkeit, Glätte, Rauheit, u. s. w. sondern bloſs mit der heller oder dunkler gefärbten Oberfläche der Körper bekannt macht.

8) S. 53. **Den Weg, den Prodikus so rauh und dornig mahlt —**

den Weg der Tugend, in der Erzählung von Herkules auf dem Scheidewege, auf welche im ersten Buche schon angespielt wird.

9) S. 54. **Das uns zu mehr als Göttern machen kann —**

Denn, da die Götter keine Bedürfnisse und also auch keine Leidenschaften haben, so würde ein Sterblicher, der es in der Apathie so weit als ein Gott bringen könnte, eben darum weil sie nicht eine nothwendige Eigenschaft seiner Natur, sondern ein Werk seines freyen Willens und eines nicht immer leichten Sieges über seine Sinnlichkeit wäre, mehr als ein Gott seyn. Daher sagt Seneka: *„Est aliquid quo Sapiens antecedat Deum; ille naturae beneficio non timet, suo Sapiens."* (*Epist.* 53.) Und an einem andern Orte: *„Sapiens tam aequo animo omnia apud alios videt contemnitque quam Jupiter; et hoc se magis suspicit, quod Jupiter illis uti non potest, Sapiens non vult."* (*Epist.* 73.)

10) S. 56. Muſs man, wie Scipio, die
   Sfären
   (Zum wenigsten im Traume) singen
   hören —

Anspielung auf eine Stelle in dem bekannten Traumgesichte des Scipio, dem schönsten Fragmente, das sich von dem verloren gegangenen Werke des Cicero, *de Republica*, erhalten hat, worin die Harmonie, die aus den verschiedenen Intervallen der Bewegung der Planetenkreise und des Sternhimmels entstehen soll, nach Pythagorischen Begriffen, wiewohl nicht sehr verständlich, beschrieben wird. Cicero läſst den jungen Scipio diese himmlische Harmonie in seinem Traumgesichte hören: Pythagoras hatte, nach der Versicherung seines Legendenschreibers Jamblichus, das Vorrecht sie sogar wachend zu vernehmen; und die Ursache, warum sie nicht von jedermann gehört wird, ist bloſs, weil dieses Getön so stark ist, daſs es unser Ohr gänzlich übertäubt. *Hoc sonitu oppletae aures hominum obsurduerunt, nec est ullus hebetior sensus in vobis.* Somn. Scip. c. 5.

11) S. 59. Die nur zu sehr die Seel' in
   ihm beflügeln
   Die unterm Zwerchfell thront.

Plato giebt in seinem Timäus dem Menschen drey Seelen, wovon die erste göttlicher und unsterblicher Natur ist und ihren Sitz im Haupte hat, von den beiden andern sterblichen aber die **eine** die Brusthöhle, und die **andere** (deren Begierden bloſs auf Befriedigung der körperlichen Bedürfnisse gehen) die Gegend zwischen dem Zwerchfell und Nabel zu ihrer Wohnung angewiesen bekommen hat, „wo sie, (sagt der hochweise Timäus) gleich einem Thiere, das nichts zu thun hat als zu fressen, an die Krippe angebunden, so weit als möglich von dem denkenden und regierenden Princip entfernt worden ist, um dasselbe desto weniger durch ihr Geräusch und Geschrey nach Futter in der Ruhe zu stören, deren es, zu der ihm obliegenden Besorgung dessen was Allen zuträglich ist, vonnöthen hat."

12) S. 61. Ein schläfrig Ohr entgegen —

Anspielung auf die Stelle in der neunten Satire des ersten Buchs der Horazischen Satiren:

Demitto auriculas ut iniquae mentis asellus
Dum gravius dorso subiit onus.

13) S. 61. Den Lieblingssatz der **Halle** —

der stoischen Filosofie, die von der vornehmsten der Hallen (oder bedeckten Säulengänge) in Athen, welche gewöhnlich, wegen der Gemählde womit sie geziert war, die **Poikile** (die bunte) genannt wurde, ihren Beynahmen erhielt, und, so wie diese Halle selbst, auch die **Stoa** schlechtweg hiefs, weil Zeno und seine Nachfolger in derselben öffentlich zu lehren pflegten.

14) S. 61. Als der Planetentanz —

Vermuthlich ein Pythagorischer Tanz, der die Bewegungen der Planeten nachahmt. Es scheint hier auf eine Stelle in **Lucians** Dialog über die Tanzkunst gedeutet zu werden, wo Lycinus sagt: „Die Tanzkunst habe mit dem ganzen Weltall einerley Ursprung, und sey mit jenem uralten **Amor** des **Orfeus** und **Hesiodus** zugleich zum Vorschein gekommen. Denn (setzt er hinzu) was ist jener Reigen der Gestirne und jene regelmäfsige Verflechtung der Planeten mit den Fixsternen und die gemeinschaftliche Mensur und schöne Harmonie ihrer Bewegungen anders als Proben jenes uranfänglichen Tanzes?"

15) S. 61. Ägypter und Chaldäer erfahren seine Wuth —

will vermuthlich so viel sagen, Kleanth habe seinen Eifer gegen die Pythagorisch seynsollenden Thorheiten des Theofron bis zu einem Ausfall gegen die alten Chaldäischen und Ägyptischen Weisen getrieben, von welchen Pythagoras, nach der gemeinen Sage, die vornehmsten Lehren und den Geist seiner Filosofie geborgt haben sollte.

MUSARION

DRITTES BUCH.

DRITTES BUCH.

Die Schöne lag auf ihrem Ruhebette,
Und hatte (fern, vermuthlich, vom Verdacht
Daſs sie bey Fanias sich vorzusehen hätte)
Ihr Mädchen fortgeschickt. Es war nach
            Mitternacht;
Ein leicht Gewölke brach des Mondes Silber-
            schimmer,
Und alles schlief: als plötzlich, wie ihr däucht,
Den Gang herauf zu ihrem kleinen Zimmer
Mit leisem Tritt — ich weiſs nicht was sich
            schleicht.

    Sie stutzt. Was kann es seyn? Ein Geist,
            nach seinen Tritten —
Besuch von einem Geist! den wollt' ich sehr
            verbitten,
Denkt sie. Indem eröffnet sich die Thür,
Und eh' sie's ausgedacht, steht — Fanias
            vor ihr.

Vergieb, Musarion, vergieb, (so fing
  der Blöde
Zu stottern an) die Zeit ist unbequem —
Allein — „Wozu, fiel ihm die Freundin in
  die Rede,
Wozu ein Vorbericht? Wenn war ich eine
  Spröde?
Ein Freund ist auch zur Unzeit angenehm:
Er hat uns immer was, das uns gefällt, zu sagen."

 Dein Ton (erwiedert er) beweist,
Wie wenig dieser Schein von Güte meinen
  Klagen
Mitleidiges Gefühl verheifst.
Du siehst mein Innerstes, und kannst mich
  lächelnd plagen?
Siehst, dafs ein Augenblick mir hundert Jahre
  scheint,
Und findest noch ein grausames Behagen
An meiner Qual? Du treibst mich zum Ver-
  zagen,
Kaltsinnige, und nennst mich deinen Freund?
Wie grausam rächst du dich! —

   „Ich? — fällt sie ein, mich rächen?
Träumt Fanias? — Er liebte mich vordem;
Er hörte wieder auf! War dieses ein Ver-
  brechen?
War's jenes? Mir, mein Freund, war beides
  angenehm.

Wir Mädchen sehn doch immer mit Vergnügen
Die Weisheit eines Manns zu unsern Füfsen
        liegen.
Allein, als Freundin säh' ich dich
Noch lieber kalt für mich — als lächerlich."

    Wie du mich martern kannst, Musarion!
        Viel lieber
Stofs einen Dolch in dieses Herz, das du
Nicht glücklich machen willst! —

    „Nichts tragisches, mein Lieber!
Komm, setze dich gelassen gegen über,
Und sag' uns im Vertraun, wie viel gehört
        dazu,
Damit ich dich so glücklich mache
Als du verlangst?" — Mich lieben, wie ich
        dich! —
„So liebt mich Fanias, der noch so kürzlich
        mich
Mit Abscheu von sich warf?" — Ist (ruft er)
        diefs nicht Rache?
Du weifst zu wohl, ich war nicht Ich
In jener unglücksel'gen Stunde;
Gram und Verzweiflung sprach aus meinem
        irren Munde;
Ich lästerte die Lieb', und fühlte nie
Mein Herz so voll von ihr. Ich war zu sehr
        betroffen,
Zu wissen was ich sprach, und hielt für Ironie

Was du mir sagtest. Konnt' ich hoffen,
Daſs was Athen von mir, mich von Athen
  verbannt,
Dein Herz allein mir plötzlich zugewandt?
Erwäge dieſs, und kannst du nicht vergeben
Was ich mir selbst zwar nicht vergeben kann,
So blicke mich noch einmahl an,
Und nimm mit diesem Blick mir ein ver-
  haſstes Leben.
Ob ich dich liebe? ach! —

„Nun, bey Dianen! Freund,
Die Liebe macht bey dir sehr klägliche
  Geberden:
Sie spricht so weinerlich, daſs mir's unmög-
  lich scheint
In diesen Ton jemahls gestimmt zu werden.
Die hohe Schwärmerey taugt meiner Seele nicht,
So wenig als Theofrons Augenweide:
Mein Element ist heitre sanfte Freude,
Und alles zeigt sich mir in rosenfarbnem Licht.
Ich liebe dich mit diesem sanften Triebe,
Der, Zefyrn gleich, das Herz in leichte
  Wellen setzt,
Nie Stürm' erregt, nie peinigt, stets ergetzt:
Wie ich die Grazien, wie ich die Musen liebe,
So lieb' ich dich. Wenn dieſs dich glücklich
  machen kann,
So fängt dein Glück mit diesem Morgen an,
Und wird sich nur mit meinem Leben enden."

Welch einen Strahl von unverhofftem
    Licht
Läſst dieses Wort in seine Seele fallen!
Er glaubte seinem Ohr den süſsen Wechsel
    nicht;
Allein, er sieht das Glück, das ihm ihr Mund
    verspricht,
In ihren schönen Augen wallen.
Vor Wonne sprachlos sinkt sein Mund auf
    ihre Hand;
Wie küſst er sie! Sein inniges Entzücken
Entwaffnet ihren Widerstand;
Sie gönnet ihm und sich die Lust ihn zu
    beglücken,
Die Lust die so viel Reitz für schöne Seelen
    hat;
Selbst da er sich vergiſst, bestraft sie ihn so
    matt,
Daſs er es wagt, den Mund an ihre Brust
    zu drücken.

Die Nacht, die Einsamkeit, der Mond-
    schein, die Magie
Verliebter Schwärmerey, ihr eignes Herz,
    dem sie
Nur lässig widersteht, wie vieles kommt
    zusammen,
Das leichte Blut der Schönen zu entflammen!
Allein Musarion war ihrer selbst gewiſs:
Und als er sich durch das was sie erlaubte,

Nach Art der Liebenden, zu mehr berechtigt
glaubte,
Wie stutzt' er, da sie sich aus seinen Armen
riſs!

Daſs eine Fyllis sich erkläret
Sie wolle nicht, daſs sie mit — leiser Stimme
schreyt,
Und, wenn nichts helfen will, euch — lächelnd
dräut,
Und sich, so lang' es hilft, mit stumpfen
Nägeln wehret, ¹)
Ist nichts befremdliches. Ein Satyr kaum
verzeiht
Den Nymfen, die er hascht, zu viele Willig-
keit.
Sie sträuben sich: gut, dieſs ist in der Regel;
Und so verstand es auch der schlaue Fanias.
Er irrte sich, es war nicht das!
Sie scherzte nicht, und wies ihm keine Nägel.

Nach mehr als Einem fehl geschlagenen
Versuch
Fängt unser Held sehr kläglich an zu krähen.
Und in der That, wer hätte sichs versehen?
Man treibt in einem Ritterbuch
Die Tugend kaum so weit! — Doch will er
nicht gestehen,
Daſs dieſs Betragen Tugend sey:
Er nennt es Eigensinn und Grillenfängerey;

Er schilt sie spröd, unzärtlich, unempfindlich.
Die Schöne, die gesteht daſs sie uns günstig sey,
Macht, seiner Meinung nach, sich zum Beweis verbindlich.

Und ich, mein Herr, (versetzt sie) die so viel
Beweisen soll, bin ich, nach eurer Sittenlehre,
Nicht auch befugt daſs ich Beweis begehre?
Und wie, wenn eure Gluth ein bloſses Sinnenspiel,
Ein flüchtiger Geschmack, ein kleines Fieber wäre?
Wenn Fanias mich liebt, so räumt er, hoff' ich, ein,
Daſs ich, eh' ich mich selbst verschenke,
Auf meine Sicherheit vorher ein wenig denke.
Bey Leuten von so warmem Blut
Ist diese Vorsicht wohl nicht allzu weit getrieben.
Verzeihe, wenn sie dir ein wenig Unrecht thut;
Allein du selber willst daſs wir im Ernst uns lieben!
Sonst tändelt' ich mit Amors Pfeilen nur:
Jetzt, da er mich erhascht, ist's nicht mehr Zeit zum Lachen;
Es ist darum zu thun daſs wir uns glücklich machen,
Und nur vereinigt kann dieſs Weisheit und Natur.

Unwiderstehlich, sagt man, sey,
Der Weisheit Reitz aus einem schönen Munde.
Wir geben's zu, so fern euch nicht dabey
Aus einem Nachtgewand mit nelkenfarbnem
Grunde
Ein Busen reitzt, der, jugendlich gebläht,
Die Augen blendt und niemahls stille steht;
Ein Busen, den die Göttin von Cythere,
Wenn eine Göttin nicht zum Neid zu vornehm
wäre,
Beneiden könnt'. In diesem Falle fand
Sich, leider! unser Held, von zwey verschied-
nen Kräften
Gezogen. Mußt' er auch so starr und unver-
wandt
Auf die Gefahr ein lüstern Auge heften?
Natürlich muß der stärkre Sinn
Des schwächern Eindruck bald verdringen;
Und was die Freundin spricht, ihn zu sich selbst
zu bringen,
Schwebt ungefühlt an seinen Ohren hin.
Was Amor nur vermag um Spröden zu
bezwingen,
Was, wie man sagt, schon Drachen zahm
gemacht,
Die Künste, die Ovid in ein System gebracht,
Die feinsten Wendungen, die unsichtbarsten
Schlingen
Versucht er gegen sie, und keine will
gelingen.

Ergieb dich (spricht zuletzt die schöne Sie-
gerin)
Mit guter Art! Du siehst, wie nachsichtsvoll
ich bin
So vielen Übermuth zu tragen:
Mehr Eigensinn, erlaube mir's zu sagen,
Beleidigt meine Zärtlichkeit,
Und dient zu nichts, als deine Prüfungszeit
Mehr, als ich selbst vielleicht es wünsche, zu
verlängern.
Genug von diesem! Schwatzen wir,
Wenn dir's gefällt, von unsern Grillenfängern.
Ich weiſs nicht wie der Einfall mir
Zu Kopfe steigt — allein, ich wollte schwören,
Daſs diesen Augenblick — was meinst du,
Fanias? —
Mein Mädchen — rathe doch! — und dein
Pythagoras —

Wie? etwa gar die Sfären singen hören?
(Versetzt mit Lachen Fanias)
Das hieſse mir ein Abenteuer!
Und doch, wer weiſs? Ich merkte selbst so
was:
Es wallte, däuchte mich, ein ziemlich irdisch
Feuer
In seinem Aug', als Chloens lose Hand
Den Blumenkranz um seine Stirne wand.
Wie viel, Musarion, hab' ich dir nicht zu
danken!

Was für ein Thor ich war, Gesellen dieser Art,
An denen nichts als Mantel, Stab und Bart
Sokratisch ist, (wie haſs' ich den Gedanken!)
Ein Paar, das nur in einem Possenspiel
Bey rohen Satyrn und Bacchanten
Zu glänzen würdig ist, für Weise, für Ver-
     wandten
Der Götter anzusehn! —

    Du thust dir selbst zu viel,
(Fällt ihm die Freundin ein) und, wie mich
    däucht, auch ihnen.
Kein Übermaſs, mein Freund, ich bitte sehr!
Du schätztest sie vordem vermuthlich mehr,
Jetzt weniger, als sie vielleicht verdienen.

  Was hör' ich! (ruft er) spricht Musarion
    für sie?
Du scherzest! Hätt'st du auch (was du gewiſs-
    lich nie
Gethan hast) dieſs Gezücht so hoch als ich
    gehalten,
So müſste dir, nach dem was wir gesehn,
Der günst'ge Wahn so gut als mir vergehn.
Wie? dieser Stoiker, der nur die Tugend
    schön
Und gut erkennt, entlarvt in einen alten
Bezechten Faun! — Theofron, der vom
    Glück

Der Geister singt, indeſs sein unbescheidner
Blick
In **Chloens** Busen wühlt — Was braucht es
mehr Beweise? —

„Daſs sie sehr menschlich sind, (fällt ihm
die Freundin ein)
Und in der That nicht ganz so weise
Als ihr System, das zeigt der Augenschein. —
Und dennoch ist nichts mächtiger, um Seelen
Zu starken Tugenden zu bilden, unsern Muth
Zu dieser Festigkeit zu stählen,
Die groſsen Übeln trotzt und groſse Thaten
thut,
Als eben dieser Satz, für welchen dein
Kleanth
Zum Märtyrer sich trank. Die alten **Hera-
kliden**,
Die Männer, die ihr Vaterland
Mehr als sich selbst geliebt, die **Aristiden**,
Die **Focion** und die **Leonidas**,
Ruhmvolle Nahmen!" — Gut! (ruft unser
Mann) und waren
Sie etwann Stoiker? — „Sie waren, **Fanias**,
Noch etwas mehr! Sie haben das **erfahren**
Was **Zeno** spekulirt; sie haben es **gethan!**
Warum hat Herkules Altäre?
Den Weg, den **Prodikus** nicht gehn, nur
mahlen kann,
Den ging der Held" —

— Und wem gebührt davon die Ehre,
Als der Natur, die ihn, und wer ihm gleicht, gebar
Und auferzog, eh' eine **Stoa** war?
Ein Held wird nicht geformt, er wird geboren.

„Indessen hat, weil ihr der erste Preis gebührt,
Doch **Plato** nicht sein Recht an **Focion** verloren. 2)
Was die Natur entwirft, wird von der Kunst vollführt.
Die Blume, die im Feld sich unvermerkt verliert,
Erzieht des Gärtners Fleifs zum schönsten Kind der Floren."

Gesetzt, spricht **Fanias**, dafs dieses richtig sey,
So ist doch, was von Zahlen und Ideen
Und Dingen, die kein Aug' gehört, kein Ohr gesehen,
Theofron schwatzt, handgreiflich Träumerey!

„Und mit den nehmlichen Ideen
War doch **Archytas** einst ein wirklich grofser Mann!
Auch Seelen dieser Art erzeuget dann und wann
(Zwar sparsam) die Natur. Man wird zum Geisterseher
Geboren, wie zum Feldherrn **Xenofon**, 3)

Wie Zeuxis zum Palett, und Filipps Sohn
  zum Thron.
Und in der That, was hebt die Seele höher,
Was nährt die Tugend mehr, erweitert und
  verfeint
Des Herzens Triebe so, als glänzende Gedanken
Von unsers Daseyns Zweck? — das Weltall
  ohne Schranken,
Unendlich Raum und Zeit, die Sonne die uns
  scheint
Ein Funke nur von einer höhern Sonne,
Unsterblich unser Geist, Unsterblichen befreundt,
Und, ahmt er Göttern nach, bestimmt zu Göt-
  terwonne!"

  Bey allen Grazien! (ruft lachend Fanias)
Du wirst noch mit der Zeit die Sfären singen
  hören!
Vor wenig Stunden gab diefs Galimathias
Dir Stoff zum Spott —

      „Der Mann, nicht seine Lehren;
Das Wahre nicht, obgleich (nach aller Schwär-
  mer Art)
Sein glühendes Gehirn es mit Schimären paart.
Nur diese trifft der Spott. — Doch stille! wir
  versteigen
Uns allzu hoch. Ich wollte dir nur zeigen,
Dafs dich dein Vorurtheil für dieses weise Paar
Nicht schamroth machen soll. Nichts war

Natürlicher in deiner schlimmen Lage.
Der Knospe gleich am kalten Märzentage
Schrumpft, wenn des Glückes Sonnenschein
Sich ihr entzieht, die Seel' in sich hinein.
Entfiedert, nackt, von allem ausgeleeret
Was sie für wesentlich zu ihrem Wohlseyn hielt,
Was Wunder, wenn sich ihr ein Lehrbegriff
   empfiehlt,
Der sie die Kunst es zu entbehren lehret?
Der ihr beweist, was nicht zu ihr gehöret,
Was sie verlieren kann, sey keinen Seufzer
   werth;
Ja, ihren Unmuth zu betrügen,
Aus der Entbehrung selbst ein künstliches Ver-
   gnügen
Ihr, statt des wahren, schafft? — Was ist so
   angenehm
Für den gekränkten Stolz, als ein System,
Das uns gewöhnt für Puppenwerk zu achten
Was aufgehört für uns ein Gut zu seyn?
Was, meinst du, bildete der Mann im Faſs
   sich ein,
Der, groſs genug Monarchen zu verachten,
Von Filipps Sohn nichts bat, als freyen Sonnen-
   schein?
Noch mehr willkommen muſs, im Falle den
   wir setzen,
Die Schwärmerey des Platonisten seyn,
Der das Geheimniſs hat, die Freuden zu
   ersetzen

Die Zeno nur entbehren lehrt;
Der, statt des thierischen verächtlichen Ergetzen
Der Sinne, uns mit Götterspeise nährt.
Wir sehn mit ihm aus leicht erstiegnen Höhen
Auf diesen Erdenball als einen Punkt herab;
Ein Schlag mit seinem Zauberstab
Heißt Welten um uns her bey Tausenden ent-
    stehen;
Sind's gleich nur Welten aus Ideen,
So baut man sie so herrlich als man will;
Und steht einmahl das Rad der äußern Sinne
    still,
Wer sagt uns, daß wir nicht im Traume wirk-
    lich sehen?
Ein Traum, der uns zum Gast der Götter
    macht —"

 Hat seinen Werth — zumahl in einer Winter-
    nacht,
Ruft Fanias: allein auch aus den schönsten
    Träumen
Ist doch zuletzt Endymion erwacht!
Wozu, Musarion, aus Eigensinn versäumen
Was wachend uns zu Göttern macht?

 An Antworts Statt reicht sie, zum stillen Pfand
Der Sympathie, ihm ihre schöne Hand.
Er drückt mit schüchternem Entzücken
Sie an sein schwellend Herz, und sucht in ihren
    Blicken

Ob sie sein Klopfen fühlt. Ein sanftes Wieder-
drücken
Beweist es ihm. Mit manchem süfsen Ach,
Das ihr im Busen zu ersticken
Unmöglich ist, bekämpft sie allzu schwach
Die Macht des süfsesten der Triebe,
Und kämpfend noch bekennt ihr Herz den Sieg
der Liebe.

Der schönste Tag folgt dieser schönen Nacht.
Mit jedem neuen fühlt sich unser Paar
beglückter
Indem sich jedes selbst im andern glücklich
macht.
Durch überstandne Noth geschickter
Zum weiseren Gebrauch, zum reitzendern
Genufs
Des Glückes, das sich ihm so unverhofft ver-
söhnte,
Gleich fern von Dürftigkeit und stolzem
Überflufs,
Glückselig, weil er's war, nicht weil die Welt
es wähnte,
Bringt Fanias in neidenswerther Ruh
Ein unbeneidet Leben zu;
In Freuden, die der unverfälschte Stempel
Der Unschuld und Natur zu echten Freuden
prägt.
Der bürgerliche Sturm, der stets Athen bewegt,
Trifft seine Hütte nicht — den Tempel

Der Grazien, seitdem Musarion sie ziert.
Bescheid'ne Kunst, durch ihren Witz geleitet,
Giebt der Natur, so weit sein Landgut sich verbreitet,
Den stillen Reitz, der ohne Schimmer rührt.
Ein Garten, den mit Zefyrn und mit Floren
Pomona sich zum Aufenthalt erkohren;
Ein Hain, worin sich Amor gern verliert,
Wo ernstes Denken oft mit leichtem Scherz sich gattet;
Ein kleiner Bach von Ulmen überschattet,
An dem der Mittagsschlaf ihn ungesucht beschleicht;
Im Garten eine Sommerlaube,
Wo, zu der Freundin Kuſs, der Saft der Purpurtraube,
Den Thasos schickt, ihm wahrer Nektar däucht;
Ein Nachbar, der Horazens Nachbarn gleicht, 4)
Gesundes Blut, ein unbewölkt Gehirne,
Ein ruhig Herz und eine heitre Stirne,
Wie vieles macht ihn reich! Denkt noch Musarion
Hinzu, und sagt, was kann zum frohen Leben
Der Götter Gunst ihm mehr und bessers geben?
Die Weisheit nur, den ganzen Werth davon
Zu fühlen, immer ihn zu fühlen,
Und, seines Glückes froh, kein andres zu erzielen!

Auch diese gab sie ihm. Sein **Mentor** war
Kein Cyniker mit ungekämmtem Haar,
Kein runzliger **Kleanth**, der, wenn die
    Flasche blinkt,
Wie **Zeno** spricht und wie **Silenus** trinkt:
Die **Liebe** war's. — Wer lehrt so gut wie
    sie?
Auch lernt' er gern, und schnell, und sonder
    Müh,
Die reitzende Filosofie,
Die, was Natur und Schicksal uns gewährt,
Vergnügt genießt, und gern den Rest entbehrt;
Die Dinge dieser Welt gern von der schönen
    Seite
Betrachtet, dem Geschick sich unterwürfig
    macht,
Nicht wissen will was alles das bedeute,
Was Zevs aus Huld in räthselhafte Nacht
Vor uns verbarg, und auf die guten Leute
Der Unterwelt, so sehr sie Thoren sind,
Nie böse wird, nur lächerlich sie findt
Und **sich** dazu, sie drum nicht minder liebet,
Den Irrenden bedau'rt, und nur den Gleißner
    flieht;
Nicht stets von Tugend **spricht**, noch, von
    ihr sprechend, **glüht**,
Doch, ohne Sold und aus Geschmack, sie **übet**;
Und, glücklich oder nicht, die Welt
Für kein Elysium, für keine Hölle hält,
Nie so verderbt, als sie der Sittenrichter

Von seinem Thron — im sechsten Stockwerk
              sieht,
So lustig nie als jugendliche Dichter
Sie mahlen, wenn ihr Hirn von Wein und Fyllis
              glüht.

  So war, so dacht' und lebte **Fanias**,
Und weil er **war** — wornach wir andern
              streben,
So that er wohl, zu seyn, zu denken und zu
              leben,
So wie er that. — „Das mag er denn! —
              Und was
Ward aus dem Manne, der so gerne — Sfären
              maſs?"
Gut, daſs ihr fragt, den hätt' ich rein ver-
              gessen —
Er ward in einer einz'gen Nacht
Zum γνωθι σεαυτον in **Chloens** Arm
              gebracht; 5)
Er fand er sey nicht klug, und lernte Bohnen
              essen.
„Und Herr **Kleanth**?" — Der kroch, so bald
              die Mittagssonne
Ihn aufgeweckt, ganz leise auf den Zehn
Aus seinem Stall — vielleicht in eine **Tonne**;
Kurz, er verschwand, und ward nicht mehr
              gesehn.

Anmerkungen.

1) S. 78. Und sich — mit stumpfen Nägeln wehret —

Anspielung auf das Horazische — *praelia virginum sectis in juvenes unguibus acrium*, in der sechsten Ode des ersten Buchs.

2) S. 84. Hat Plato nicht sein Recht an Focion verloren.

Daß dieser unter den Feldherren und Staatsmännern so seltene Mann in seiner ersten Jugend noch den Plato und dessen ersten Nachfolger' den Xenokrates gehört und in ihrer Schule die Maximen eingesogen habe, deren Ausübung ihn sein ganzes Leben durch und bis zu seinem Sokratischen Tode zum tugendhaftesten Manne seiner Zeit machte, bezeugt Plutarch in seiner Lebensbeschreibung.

3) S. 84. Wie zum Feldherrn Xenofon —

In den vorigen Ausgaben lautet diese Stelle so:

— Man wird zum Geisterscher Geboren wie zum Held, wie zum Anakreon.

Da das Wort Held kein *Indeclinabile* ist, und in allen seinen Biegefällen Helden lautet, so mußte es, nicht zum **Held**, sondern zum **Heldeu**, heißen. Weil dieß aber nicht in den Vers passen wollte, so mußte der Held hier ein Opfer der Sprachrichtigkeit werden, und auch **Anakreon**, wiewohl unschuldig, konnte seinen Platz nicht behalten. Die neue Lesart, wodurch dem Sprachfehler abgeholfen worden ist, hat außerdem, daß der Gedanke an Wahrheit nichts dadurch verliert, noch den Vorzug, sich mit dem folgenden Verse richtiger zu verbinden. — Daß man von **Xenofon** vorzüglich sagen könne, er sey zum Feldherrn geboren gewesen, scheint sich hinlänglich dadurch erwiesen zu haben, daß er, als er nach dem Tode des jüngern Cyrus aus einem bloßen Freywilligen, der die Dienste eines gemeinen Soldaten verrichtete, auf einmahl zum Rang eines Feldherren stieg, auch die Talente eines Feldherren in einem Grade zeigte, der ihm bis auf diesen Tag einen Platz unter den Meistern der Kriegskunst erhalten hat.

4) S. 89. Ein Nachbar, der **Horazens Nachbarn** gleicht —

Vermuthlich hatte der Dichter die Stelle im sechsten der Horazischen **Sermonen** (des zweyten Buchs) im Sinne:

Cervius haec inter vicinus garrit aniles
Ex re fabellas, u. s. w.

wo Horaz den alten Nachbar Cervius die berühmte Fabel von der Feldmaus und Stadtmaus in einem so unnachahmlich gutlaunigen und verständigen Ton erzählen läſst, daſs man nicht umhin kann, den Dichter eben so sehr wegen seines Nachbars Cervius als wegen seines Sabinums, und des frohen Lebensgenusses, den es ihm gewährte, glücklich zu preisen.

5) S. 91. Zum γνωθι σεαυτον,

d. i. zur Selbsterkenntniſs, welche diese zwey über die Pforte des Tempels zu Delfi geschriebenen Worte empfahlen, als den besten Rath, den der Delfische Gott allen Sterblichen, die sich bey ihm Rathes erhohlten, ertheilen konnte.

ASPASIA

ODER

DIE PLATONISCHE LIEBE.

ASPASIA.

Schön, liebenswerth, mit jedem Reitz geschmückt
Der Aug' und Herz und Geist zugleich entzückt,
An edlem Bau und langen blonden Haaren
Der schönsten Frau in Artaxatens Reich,
An Grazien nur Amors Mutter gleich,
Sah sich, im Flor von fünf und zwanzig Jahren,
Aspasia zum priesterlichen Stand
Aus eines Helden Arm, aus Cyrus Arm, verbannt.

Es hatte zwar zu Ekbatane
(So hiefs ihr Sitz) die Oberpriesterin
Der stets jungfräulichen Diane
Die Majestät von einer Königin.
Ihr Kerker war ein schimmernder Palast,
Ihr Zimmer ausgeschmückt mit Indischen Tapeten;
Und, ihr Brevier gemächlicher zu beten,
Schwoll unter ihr mit Polstern von Damast

Der weichste Kanapee.   Auch hielt die Frau
   im Beten
(Wie billig) Maſs, aſs viel und niedlich, trank
Den besten Wein, den Kos und Cypern
   senden,
Und, wenn sie sich zur Ruh begab, versank
Die schöne Last der wohl gepflegten Lenden
In Schwanenflaum: und doch, bey frischem Blut
Und blühendem Gesicht, schlief sie — nur
   selten gut.

 Man glaubt, der Stand der Oberpriesterinnen
Sey diesem Ungemach vor andern ausgesetzt.
Vergebens hoffen sie mit ihren andern Sinnen
Was Einem abgeht zu gewinnen;
Durch alle fünfe wird der sechste nicht ersetzt.

 Die Stoa lehrt uns zwar, wir können
   was wir wollen;
Allein dem Prahlen bin ich gram.
Aspasien hätte man, eh' sie den Schleier nahm,
Vorher im Lethe baden sollen.
Liegt's etwa nur an ihr, sich nicht bewuſst zu
   seyn?
Und kann man stets der Fantasie gebieten?
Sie mag sich noch so sehr vor Überraschung
   hüten,
Geberde, Kleidung, Blick, mag noch so geist-
   lich seyn;
Man ist deſswegen nicht von Stein.

Oft fällt im Tempel selbst, bey ihrer Göttin
.Schein,
Ein weltlicher Gedank' ihr ein:
„So schien durch jenen Myrtenhain,
Wo Amorn über sie der erste Sieg gelungen,
Der stille Mond!" — Was für Erinnerungen!
An solchen Bildern schmilzt der priesterliche
Frost.
Diana selbst, um ihr die Strafe gern zu
schenken,
Darf an **Endymion** nur denken.
Ein Priester hälfe sich vielleicht, in süfsem
Most
Versuchungen, wie diese, zu ertränken:
Doch, wenn ich recht berichtet bin,
Schlägt diefs Recept nicht an bey einer Priesterin.
Galenus sagt: das Übel quille
Bey dieser aus der Herzensfülle.
Nichts hemmt und alles nährt bey ihr die Fantasie;
Die Einsamkeit, die klösterliche Stille,
Die Andacht selbst vermehrt, ich weifs nicht wie,
Den süfsen Hang zu untersagten Freuden.
Mufs Amor gleich Dianens Schwelle meiden,
Ist ihre Stirne gleich verhüllt:
Ihr Herz, von dem was sie geliebt erfüllt,
Läfst sich davon durch keine Gitter scheiden,
Und sieht im **Mithras** selbst des schönen
Cyrus Bild.

Mit Einem Wort: ihr ging's nach aller Non-
    nen Weise.
Die gute Priesterin gestand sich selbst ganz
    leise,
Es irre, wer sie glücklich preise.
Die Schäferin, die, statt auf Sammt und Flaum
Im dunkeln Busch auf weiches Moos gestrecket,
Ihr junger Hirt leibhaftig, nicht im Traum,
Mit unverhofften Küssen wecket,
War, wenn sie schlaflos sich auf ihrem Lager
    wand,
Oft ihres Neides Gegenstand.

Doch (wie uns die Natur für alle kleine
    Plagen
Des Lebens immer Mittel weist)
Auch unsre Priesterin fand endlich das Behagen,
Das ihr Gelübd' und Zwang versagen —
Wo meint ihr wohl? — in ihrem Geist!

Der Zufall führt ihr einen Magen
Vom Strand des Oxus zu. Es war in seiner
    Art
Ein seltner Mann, wiewohl noch ohne Bart,
Von Ansehn jung, doch altklug an Betragen;
An Schönheit ein Adon, an Unschuld ein
    Kombab;
Bey Damen, denen er sehr gern Besuche gab,

Kalt wie ein Bild von Alabaster;
Doch seelvoll, wie ein Geist in einem Luft-
gewand,
Und mit dem unsichtbaren Land
Beynahe mehr als unsrer Welt bekannt;
Mit Einem Wort: ein zweyter Zoroaster!

Ein Weiser dieser Art schien wirklich ganz
allein
Für eine Priesterin, wie sie, gemacht zu seyn.
Er sprach von dem, was in den Sfären
Zu sehen ist, mit aller Zuversicht
Der Männer, die, versengt an Angesicht
Und an Gehirn, vom Land der fabelhaften
Seren,
Gebläht mit Wundern, wiederkehren.

Der Weg — nur bis zum nächsten Stern,
Ist ziemlich weit, wie uns die Zache lehren:
Drum lügt sichs gut aus einer solchen Fern';
Und was er ihr erzählt — setzt, daſs es Mähr-
chen wären —
So wünscht man's wahr, und glaubt es gern.
Wie dem auch sey, die Luft der idealen Sfären
Bekam Aspasien gut; sie ward in kurzer
Zeit
So schön davon! Ihr ist, es werde
So leicht ihr drin, so wohl, so weit
Ums Herz, daſs ihr der Dunstkreis unsrer Erde
Bald grauenhafter scheint als eine Todtengruft.

Die vorbesagte Luft
Hat eine sonderbare Tugend
Mit Lethens Flut gemein.
Aspasia sog darin von ihrer freyern Jugend
Ein gänzliches Vergessen ein.
Bald wurde selbst an jenen Myrtenhain,
Wo sie dem Liebesgott ihr erstes Opfer brachte,
Nicht mehr gedacht, als an ein Puppenspiel,
Das ihr vordem die Kindheit wichtig machte.
Ihr schien die Welt und was ihr einst gefiel
Ein Traum, woraus sie eben itzt erwachte.
Ihr Geist (der ganz allein itzt alles bey ihr that,
Was bey uns andern pflegt mechanisch zuzu-
gehen)
Sah in der neuen Welt, in die er wundernd trat,
Rings um sich nichts als — Geister und
Ideen.
Doch führt Herr Alkahest (so hieſs der
Weise) sie
Nicht so geradezu ins Land der Fantasie.
Ihr neu geöffnet Aug' ertrüge (wie er spricht)
Den unsichtbaren Glanz des Geisterreiches
nicht.
Erst läſst er (wie ein weiser Okuliste
In solchem Fall verfahren müſste)
Von dem, was wahr und immer schön
Und selbstbeständig ist, ihr nur die Schat-
ten sehn,
Die auf den Erdenklos, auf dem wir alle wallen,
Herab aus höhern Welten fallen;

Denn was uns Wesen heifst, ist blofser Wie-
  derschein.
So mahlen sich im majestät'schen Rhein,
Indem er stolz mit königlichem Schritte
Das schönste Land durchzieht, bald ein bejahr-
  ter Hain,
Bald ein zertrümmert Schlofs, bald Hügel voller
  Wein,
Bald ein Palast, bald eine Fischerhütte.

Nachdem in weniger als einem Vierteljahr
Ihr diese Art zu sehn geläufig war:
Nun war es Zeit zu höhern Lehren!
Nun wies ihr **Alkahest** die edle Kunst —
  zum Sehn
Der Augen gänzlich zu entbehren.
Nothwendig mufste diefs ein wenig langsam
  gehn.
Erst sah sie — nichts.   Doch nur getrost
  und immer
Hinein geguckt! Schon zeigt ich weifs nicht
  welcher Schimmer
Von ferne sich. Was kann ein fester Vorsatz
  nicht!
Zusehens öffnet sich ihr innerlich Gesicht
Dem nicht mehr blendenden unkörperlichen
  Licht;
Dem Element ätherischer Geschöpfe.
Sie sieht — o welche Augenlust! —
Sie sieht bereits die schönsten Engelsköpfe

Mit goldnen Flügelchen; bald wächst die
    schönste Brust
An jeden Kopf; an jeden Busen schliefsen
Sich schöne Arme an. Zuletzt stehn Geis-
    ter da,
(So geistig als Aspasia
Sie immer glaubt) vom Kopf bis zu den Füfsen
Den schönsten Knaben gleich, die man sich
    denken kann:
Doch da es Geister sind, macht sie sich kein
    Gewissen
Und sieht sie unerröthend an.

 Der Nahme, wie man weifs, thut öfters
    viel zur Sache.
Vor Alters stellten euch die von Böozien
Drey Klötze auf, und nannten's Grazien.
Man irrt noch heut zu Tag' sehr gern in diesem
    Fache.
Wie mancher sieht bey seinem Trauerspiel
Dafs unsre Augen Wasser machen,
Und, überzeugt wir weinen aus Gefühl,
Bemerkt er nicht, wir weinen blofs vor Lachen.
Zwar Thränen sind's, in diesem Falle wie
In jenem; nur die Quelle ist verschieden.
Allein, wie selten giebt auch jemand sich hie-
    nieden
Den Quellen nachzuspähen Müh!
Die muntre rasche Fantasie

Hat einen kürzern Weg. Sie giebt den Dingen
    Nahmen
Nach Willkühr und Bequemlichkeit;
Vermenget Wesen, Form, Verhältniſs, Ort
    und Zeit,
Bestimmt den Platz und Werth der Bilder
    nach den Rahmen,
Und läſst, wie Kinder, gern von jeder Ähn-
    lichkeit,
So plump sie ist, sich hintergehen.

    Dieſs war Aspasiens Fall. Die gute Frau
    befand
Nur darum sich so wohl im Lande der Ideen,
Weil alles dort dem schönen Feenland,
Worin von Jugend an sie gern zu irren pflegte,
Dem Land der Fantasie, so wunderähnlich sah.

    Ob Alkahest hiervon die Folgen über-
    legte;
Ob ihm nicht selbst vielleicht was mensch-
    liches geschah,
Wovon er Anfangs nicht den kleinsten Arg-
    wohn hegte;
Kurz, ob er, ohne die Gefahr
Voraus zu sehn, der Narr von seinem Herzen
    war,
Getrauen wir uns nicht zu sagen.
Er fing sein Werk so systematisch an,

Daſs man zur Noth sich überreden kann,
Er habe nichts dabey zu wagen
Vermeint; — wiewohl für einen Mann
Von seiner Gattung gut zu sagen
Bedenklich ist. Genug, Herr **Alkahest** gewann
Bey seiner guten Art, die Damen
In den Mysterien der Geister einzuweihn.
Von jeher, um ein **Herz** zu überschleichen, nahmen
Die **Alkahesten** erst das **Cerebellum** ein.

Die Geister — konnten sie auch wohl erzogner seyn? —
Die Geister kamen nun, zwar ohne Fleisch und Bein,
Doch so geputzt als Geister nur vermögen,
In **Mäntelchen von Sonnenschein**
Aspasien auf halbem Weg entgegen.
Den ganzen Weg zu ihr zurück zu legen,
Dieſs hieſse (meint Herr **Alkahest**)
Mehr fordern als sich billig fordern läſst.
Man soll vielmehr zu beiden Theilen
Einander gleich entgegen eilen.
Wenn Geister, einer schönen Frau
Zu Lieb' in Rosenduft sich kleiden:
So ziemt es auch der schönen Frau
Der Geister wegen, selbst mit einem kleinen Leiden,

Von Fleisch und Blut sich möglichst zu ent-
kleiden.
Nichts, dächt' ich, kann so billig seyn!

  Aspasia ergiebt sich desto leichter drein,
Da sie dabey an Schönheit zu gewinnen
Die beste Hoffnung hat. Den **Salamande-
rinnen**
An Reitzen gleich zu seyn, diefs ist doch
wohl Gewinn
Für eine Oberpriesterin,
Die ihrem Spiegel gegen über
Mit jedem Tag ein Reitzchen welken sieht?
Die unsrige, wie ganz natürlich, glüht
Vor Ungeduld, je schleuniger je lieber
Entkörpert sich zu sehn. Allein Herr **Alka-
hest**
Belehrt sie, dafs sich hier nichts übereilen
läfst.
Das grofse Werk kann nur durch Stufen
Zur Zeitigung gedeihn. Die **erste** ist, den
Geist,
Der oft zur Unzeit sich am thätigsten erweist,
Von aller Wirksamkeit zum **Ruhen** abzu-
rufen;
Die **zweyte**, nach und nach ihn von der
Sinnlichkeit,
Von dem, worin wir uns den Thieren ähnlich
finden,
Selbst vom **Bedürfnifs**, los zu winden;

Die **dritte Stufe** — Doch, so weit
Kam unser Pärchen nicht. Denn leider! auf der zweyten,
Schon auf der zweyten, glitscht der Fuſs den guten Leuten.
Auch ist der Schritt ein wenig dreist,
Wenn man es recht bedenkt. Verwickelt
Im Stoffe, wie wir sind, — verstümmelt und zerstückelt
Man leichter sich, als daſs man los sich reiſst.
Zum mindsten ist den Kandidaten
Des Geisterstandes **kaltes Blut**
Und **Eile langsam!** anzurathen:
Denn hier thut Eilen selten gut!

Herr **Alkahest**, um beym Entkörp'rungswesen
Recht ordentlich zu gehn, fing mit der **Tafel** an.
Aspasia aſs und trank nach Skrupel und nach Gran,
Und nur was ihr der Weise ausgelesen;
Nichts was nicht fein und leicht und geistig, kurz so nah
An Nektar und Ambrosia
Als möglich, war, der echten Geisterspeise.
Dem **Schlummer** brach er gleicher Weise

Die Hälfte ab, zumahl beym Mondenschein
In schönen warmen Sommernächten;
Nur ließ er sie alsdann, aus Vorsicht,
nie allein.

Wir selbst gestehn, wir sind den Sommer-
nächten,
Bey Mondschein gut, wiewohl wir dächten
Daß unserm schwärmerischen Paar
Die Hälfte schon entbehrlich war.

Der Mondschein hat dieß eigen, wie uns
däucht,
Er scheinet uns die Welt der Geister
aufzuschließen:
Man fühlt sich federleicht,
Und glaubt in Luft dahin zu fließen;
Der Schlummer der Natur hält rings um uns
herum
Aus Ehrfurcht alle Wesen stumm;
Und aus den Formen, die im zweifelhaften
Schatten
Gar sonderbar sich mischen, wandeln, gatten,
Schafft unvermerkt der Geist sich ein Ely-
sium.
Die Werktagswelt verschwindt. Ein wollust-
reiches Sehnen
Schwellt sanft das Herz. Befreyt von irdi-
scher Begier

Erhebt die Seele sich zum wesentlichen Schönen,
Und hohe Ahnungen entwickeln sich in ihr.

Es sey nun was ihr wollt — denn hier es zu entscheiden
Ist nicht der Ort — es sey ein süfser Selbstbetrug,
Es sey Realität, es sey vermischt aus beiden,
Was diesen Seelenstand so reitzend macht — genug,
Ein Schwärmer, der in diesem Stande
Mit einer Schwärmerin, wenn alles dämmernd, still
Und einsam um ihn ist, **platonisieren** will,
Gleicht einem, der bey dunkler Nacht am Rande
Des steilsten Abgrunds schläft. Auch hier macht **Ort und Zeit**
Und **Er** und **Sie** sehr vielen Unterscheid!

Die zärtlichste Empfindsamkeit
Bemächtigt unvermerkt sich unsers **Mystagogen**.
Der Geist der Liebe weht durch diefs Elysium
Wohin er mit **Aspasien** aufgeflogen.
Er schlägt, indem er spricht, den Arm um sie herum,

Und schwärmt ihr von der Art wie sich die
    Geister lieben
Die schönsten Dinge vor, mit einem Wörter-
    flufs,
Mit einer Gluth, dafs selbst Ovidius
Korinnens Kufs nicht feuriger beschrieben.
„Wie glücklich diese Geister sind!
Wie viel ein Geist dadurch gewinnt,
Dafs ihn im Ausdruck seiner Triebe
Kein Körper stört! — An ihm ist alles
    Liebe,
Und sein Genufs ist nicht ein Werk des
    Nervenspiels.
Wie matt, wie unvollkommen mahlet
In unsern Augen sich die Allmacht des
    Gefühls!
Wenn dort ein Geist den andern ganz durch-
    strahlet,
Ihn ganz durchdringt, erfüllt, mit ihm in
    Eins zerfliefst,
Und ewig unerschöpft, sich mittheilt und
    geniefst!
Ach! — ruft er aus und drückt (vor Schwär-
    men und Empfinden
Defs, was er thut, sich unbewufst)
Sein glühendes Gesicht an ihre heifse Brust —
Ach! ruft er, welch ein Glück vom Stoff
    sich los zu winden,
Der so viel Wonn' uns vorenthält!"

Aspasia, in eine andre Welt
Mit ihm entzückt, und halb, wie er, entkörpert, fühlte
So wenig als ihr Freund, dafs hier
Der unbemerkte Leib auch eine Rolle spielte.
Zu gutem Glück kommt ihr — und mir
Ein Rosenbusch zu Hülf', in dessen Duft und Schatten
Sie, in Gedanken, sich zuvor gelagert hatten.

Wie weit sie übrigens in dieser Sommernacht
Es im Entkörp'rungswerk gebracht,
Läfst eine Lücke uns im Manuskript verborgen.
Nur so viel sagt es uns: Kaum war am nächsten Morgen
Das gute fromme Paar erwacht,
So wurden sie gewahr, der Weg den sie genommen,
Sey wenigstens — der nächste nicht
Um in die Geisterwelt zu kommen.
Sie sahn sich schweigend an, verbargen ihr Gesicht,
Versuchten oft zu reden, schlossen wieder
Den offnen Mund, und sahn beschämt zur Erde nieder.
Der junge Zoroaster fand,
Er habe bey dem Amt von einem Mystagogen
Sich selbst und seinen Gegenstand

Durch wie? und wo? und wann? betrogen.
Gern hätt' er auf sich selbst, gern hätt' auf
    sich und ihn
Aspasia gezürnt: allein sie fühlten beide
Ihr Herz nicht hart genug, in dem gemeinen
    Leide
Des Mitleids Trost einander zu entziehn.

„Freund, sprach die Priesterin zuletzt,
    wir müssen fliehn!
In dieser Art gilt Ein Versuch für hundert:
Wir würden immer rückwärts gehn;
Und alles was mich itzt bey unserm Zufall
    wundert,
Ist, daſs wir nicht den Ausgang vor-
    gesehn."

Und nun — was haben wir aus allem dem
    zu lernen?
Sehr viel zu lernen, Freund, sehr viel!
Kennt ihr den Mann, der, als er nach den
    Sternen
Zu hitzig sah, in eine Grube fiel?
Es war ein Beyspiel mehr! Laſst's euch zur
    Warnung dienen!
Auch, wenn ihr je bey Mondenlicht im
    Grünen
Platonisieren wollt, platonisiert allein!
Und kommt die Lust euch an, in einem
    heil'gen Hain

Um solche Zeit — des Stoffs euch zu ent-
                laden,
So laſst dabey (so wie beym Baden
In einer Sommernacht) ja keine Zeugin seyn!

   Wir zögen leicht mehr schöner Sitten-
                lehren
Aus der Geschichte noch heraus:
Allein wir lassen gern den Leser selbst
                gewähren.
Wer eine Nase hat — spürt sie unfehlbar aus;
Die andern können sie entbehren.

GEDICHTE
AN OLYMPIA.

Nimm aus der Hand der Dankbarkeit und Treue,

Schutzgöttin meines Musenspiels,

Die Blumen huldreich an, die Kinder des Gefühls,

Die ich in diesem Strauſs zum zweyten Mahl Dir weihe.

―――

I.

ZWEYERLEY GÖTTERGLÜCK.

Am 24. Oktober 1777.

1.

„Der Götterstand — sprach einst von seinem
    Wolkenthron
Der Sultan im Olymp zu Majens schö-
    nem Sohn,
Der Götterstand, Herr Sohn, um ihm sein
    Recht zu geben,
Ist (unter uns) beym Styx! ein schales Leben.
Ja, wer nur nicht dazu geboren wär',
Und allenfalls auf acht bis vierzehn Tage,
Da ließ' ichs gelten! Aber mehr
Wird Unsrer Deität am Ende sehr zur
    Plage.

Man kriegt zuletzt des Weihrauchs so genug!
Und für und für zum **Dudeldum** der **Sfären**
Die Grazien tanzen sehn, die Musen singen hören,
Und immer Ganymed mit seinem Nektarkrug,
Ich sage dir, man kriegt's genug!
Dann noch dazu den ew'gen Litaneyen
Des Erdenvolks die Ohren herzuleihen!
„**Zevs, gieb mir diefs! Zevs, gieb mir das!**"
Ein tolles **Galimathias**
Von Bitten ohne Sinn und Maſs
Um nichts und wieder nichts, oft um Unmöglichkeiten!
„**Es sind ja (sagen sie) dir lauter Kleinigkeiten!**
Ein wenig Sonnenschein zu meiner Wäsche nur!"
„Zwey Regentage blofs für meine trockne Flur!"
Ruft Mann und Frau aus hellem Munde
In Einem Haus, in Einer Stunde.
Der **Dedschial** hör' alle das Gebrüll!
Thät' ich ein einzigmahl was jeder haben will,
Es richtete die Welt und mich zu Grunde.
Kurz, trauter Sohn, die Stiefeln angeschnürt!
Steig, eh' ich hier des Gähnens müde werde,
Ein wenig nieder auf die Erde,
Zu sehen, ob man dort sich besser amüsiert!"

Merkur gehorcht, und ohne anzufragen,
Ob **Juno** nach dem Erdenplan
Was zu bestellen hat, und ohne Donnerwagen,
Schleicht **Jupiter** sich weg, und wird bey
    Leda — Schwan.

2.

Von feinerem Gefühl getrieben
Vertauschte mit dem Hirtenstand
Apollo den Olymp. Er stieg herab, und fand
Die Menschen, die man ihm bald gar zu gut
    beschrieben
Bald gar zu schlimm, wie's immer pflegt zu
    gehn,
Erträglich erst, und endlich gar zum
    Lieben.
Die Leutchen, mußt' er sich gestehn,
Gewännen näher angesehn;
Und setzte man sich nur auf **gleichen Fuß**
    mit ihnen,
So wären sie doch ganz was andres, als sie
    schienen,
Da er aus seinen Wolkenhöh'n
Wer weiß wie schief auf sie herunter schielte.
Mit Einem Wort: Apoll, so bald er **Mensch**
    sich fühlte,
Entdeckte — was er nie als Göttersohn
    gewußt —

Es schlage was in seiner linken Brust;
Und unvermerkt, mit lauter Scherz und
            Spielen,
Lernt Seine Gottheit auch für arme Mensch-
            lein fühlen,
Nimmt fröhlich Theil an ihrer Lust,
Entdeckt sogar, auch das sey wahre Lust,
Und von der besten Art, mit andern sich
            betrüben,
Kurz, schmeckt die Wollust da zu seyn
Zum ersten Mahle ganz und rein,
Und merkt zuletzt — (was ihm bisher geheim
            geblieben)
Die Kunst von allem dem sey — Lieben.

  Was von Thessaliens Volk Apoll
Nicht alles lernte! Tausend Sachen
Wovon euch Göttern nie ein Wörtchen träu-
            men soll:
Den losen Scherz, das wohlgemuthe Lachen
Gedrückt von keinem Zwanggesetz,
Und ohne Absicht, ohne Schraube,
Das trauliche, gutlaunige Geschwätz
Beym Abendstern in einer Sommerlaube,
Und, o! den grofsen Talisman,
Mehr freye Herzen zu gewinnen,
Als Mahmud oder Dschingiskan
Sich Sklaven durch sein Schwert gewann,
Den Zauber, den die Charitinnen
Cytherens Gürtel eingewebt,

Was jeden Mangel deckt und jeden Reitz erhebt,
Gefälligkeit. — Sey einer von uns allen,
Verlange nichts voraus, — wir werden dir gefallen
So wie du uns gefällst! — Die erste Schäferin,
Die, ohne daſs sie auf ihn zielte,
In frohem Muth und dumpfem Sinn
Das Herz ihm aus dem Busen spielte,
Ward seine Sittenlehrerin.
„Ein bloſser Hirt — ist's möglich? — vorgezogen
Dem schönsten Gott?" — Das schrie um Rache! — Schon
Ergriff sein Zorn den mächt'gen Pythonsbogen;
Zu gutem Glück entfloh der Senn' ein sanfter Ton.
Er stutzt, und plötzlich kommt ein Einfall angeflogen,
Der seinen Eifer kühlt und bald zum Mittel wird
Das Ziel, wornach er lüstet, zu erreichen.
Halt! denkt er, bist du hier was anders als ein Hirt?
Was foderst du voraus vor deines gleichen?
Dem Hirten, der gefällt, muſs Gott und Halbgott weichen

Der **nicht** gefällt! Versuch's, gewinne sie!
Das Herz ist frey und Lieb' erzwingt sich nie.

Stracks geht er hin und macht aus seinem Bogen
Ein Werkzeug des Gefühls; der Dollmetsch süfser Pein,
Die neue **Leier**, liegt mit Saiten straff bezogen
In seinem Arm, und schwirret durch den Hain.
Herbey gelockt von ihren süfsen Tönen
Versammeln sich um ihn die Hirten und die Schönen,
Ein jedes will des Wunders Zeuge seyn.
Bald wirkt der Zauber, Arme schlingen
In Arme sich, den Füfsen wachsen Schwingen,
Der ungelehrte Tanz dreht rasch sich um ihn her,
Und wer war glücklicher als er!
Wie lieben alle nun den Schöpfer ihrer Freuden!
Er ist, wiewohl in Schäfertracht,
Ein Gott für sie! Er hat sie glücklicher gemacht.
Wie freundlich nun ihm jede Hirtin lacht!
Wie drängt man sich, um nah an ihm zu weiden!
Und wenn am warmen Abendglanz

Im Rosenbusch, zu Chloens Füſsen —
Indeſs die Holde manchen süſsen
Verstohlnen Blick am halb geflochtnen Kranz
Herunter schlüpfen läſst — wenn dann die sanfte Leier
Der Liebe Schmerzen mit gedämpftem Klang
So zärtlich klagt, stets näher sein Gesang
Ans Herz sich schmiegt, das durch den leichten Schleier
Stets höher schlägt, und nun, wenn sich in vollem Feuer
Der Harmonienstrom ergieſst,
In süſsem Mitgefühl zerflieſst:
O welche Wonne ist's — in diesem Augenblicke
Ein Mensch, und nur ein Mensch zu seyn!
Wie wenig ist Genuſs in ungetheiltem Glücke!
In ihren Freuden selbst sind Götter stets — allein.

Apoll behielt in seinem Hirtenstande
Vom Gott allein des Wohlthuns edle Macht.
Mit jedem Tag erwacht
Das Volk am Peneusstrande
Zu neu gebomer Lust.
Ein feineres Gefühl entfaltet sich ganz leise
In jeder Brust,
Man sieht und hört nicht mehr nach alter Weise,

Der Nebel fällt vom Antlitz der Natur,
Und o! wie schön, wie neu ist Wald und Flur!
Man fühlt sich selbst in allen Wesen leben,
Vom Blümchen, das der Erd' entspringt,
Zum Vogel, der in hohen Wipfeln singt,
Scheint alles uns vom Seinen was zu geben,
Verwebt uns alles mit ins allgemeine Weben.
Der holde Geist der Eintracht schlingt
Sein goldnes Band um alle, stimmt die Herzen
Zu sanften Freuden, süfsen Schmerzen;
Die lange Weile flieht, und nur zu leicht
      beschwingt
Entfliehen itzt, man weifs nicht wie, die
      Stunden,
Die man vordem so drückend lang gefunden.

3.

Der Ruhm diefs Wunder zu erneu'n,
OLYMPIA, der seltne Ruhm, sey Dein!
Der schönste aller Deiner Preise!
Wohl Dir, die in dem Weihrauchkreise
Der Erdengötter nicht den hohen Sinn verlor
Für Freyheit und Natur, nach alter Deutscher
      Sitte
Sich einen Wald zum Ruhesitz erkohr,
Und in der moosbedeckten Hütte,
Wenn tief im nächtlich stummen Hain

Auf offnem Herd die heil'ge Flamme lodert,
Sich glücklich fühlt und nichts vom Schicksal fodert.
Des Waldes Geister sehn den ungewohnten Schein
Ringsum die hohen Buchen weifsen,
Und nähern freundlich sich, und heifsen
Willkommen Dich in ihrem stillen Reich.
Wir spüren sie, bald leichten Nebeln gleich
Um halb bestrahlte Erlen lauschen,
Bald über uns durch hohe Wipfel rauschen.
Ein leises Grauen schleicht um unsre Brust,
Doch stört es nicht, erhöht nur unsre Lust.
Wir singen — um Dich her im Kreise
Gelagert — nach der schönen Weise
Die Dir, Olympia, die Musen eingehaucht,
„Zaydens Schmerz bey ihres Mohren Klagen,"
Und fühlen unser Herz im Busen höher schlagen:
Bis jetzt der Herd mit trüberm Feuer raucht,
Und späte Sterne, die durch schwarze Wipfel blinken,
Uns in die Burg zurück zu unsern Zellen winken.

Was ist's, das uns Olympiens hehren Wald
Zum Zaubergarten macht, zum Tempel schöner Freuden,

Zu dem man eilt um zögernd draus zu scheiden?
Sie selbst! — O! würde Sie zu Ihrem Aufenthalt
Der rauhsten Alpe Gipfel wählen,
Der rauhsten Alpe würde bald
Kein Reitz der schönsten Berge fehlen.
Ja, zöge Sie bis an den **Anadir**,
Wohin Sie gehen mag, die **Musen** folgen Ihr,
Ihr einen **Pindus** zu bereiten.
Sie, von **Olympien** stets geliebt, gepflegt, geschützt,
Belohnen Sie durch ihre Gaben itzt.
Sie schweben Ihr in Ihren Einsamkeiten,
Wenn Sie im Morgenthau die Pfade der Natur
Besuchet, ungesehn zur Seiten,
Und leiten Sie auf ihre schönste Spur.
Und wenn Sie, in begeisterndem Entzücken,
An einen Stamm gelehnt, mit liebender Begier
Was Sie erblickt und fühlt Sich sehnet auszudrücken,
So reichen sie den Bleystift Ihr.
Sie sind's, die am harmonischen Klavier
Der leichten Finger Flug beleben;
Und wer als **sie** vermöchte Ihr
Die **Melodien** einzugeben,
Von denen das Gefühl der lautre Urquell ist,
Die tief im Herzen wiederklingen,

Die man beym ersten Mahl erhascht und nie
vergißt,
Und niemahls müde wird zu hören und zu
singen?

O Fürstin, fahre fort aus Deinem schönen
Hain
Dir ein Elysium zu schaffen!
Was hold den Musen ist soll da willkommen
seyn!
Doch allen, die in Deine Wildniß gaffen
Und nichts darin als — Bäume sehn,
Dem ganzen Midasstamm der frost'gen
langen Weile
Mit ihrem Troß, dem Uhu und der Eule,
Und ihrer Schwesterschaft von Gänschen und
von Kräh'n,
Sey Deine Luft zu rein! Das traur'ge Völkchen
weile
Stets an des Berges Fuß; und führt das böse
Glück
Es ja hinauf, so kehr' es bald zurück,
Und banne selber sich aus Deiner Republik!

Und so, Natur, und ihr, geliebte Pie-
riden,
Pflegt eurer großen Priesterin!
Ihr sey das schönste Loos des Erdenglücks
beschieden,

Zur Lust an euch ein immer offner Sinn,
Ein immer fühlend Herz, und eine Quelle drin,
Die nie versiegt, von süfsem innerm Frieden!
Was sonst die Sterblichen zu wünschen sich
     ermüden,
Ist gleich der Flut im Fafs der Danaiden:
Und schöpften sie äonenlang hinein,
Es würde niemahls voller seyn.

―――

II.

WETTSTREIT DER MAHLEREY UND MUSIK.

Im Jahre 1781.

Zwey Musen, deren Zwist zu steuern
Drey weise Männer unsrer Zeit
Viel Aufwand von Beredsamkeit
Und Witz gemacht, begannen ihren Streit
Am vier und zwanzigsten des Wein-
    monds zu erneuern.
Den andern Musen ward die Weile lang dabey;
Es schien als ob der Zwist zu mehr nicht
    nütze sey
Als beider Galle zu versäuern.

 Ihr Kinder, sprach zuletzt der schöne Gott
    des Lichts,
Laſst eure Zungen einmahl feiern!
In diesem Streit, ich kann's beym Styx
    betheuern,

Hilft **Lock** und **Wolf** und **Plato** selber nichts,
Als eure Eifersucht vergeblich anzufeuern;
Denn **so** viel zeigt sich Angesichts,
Du kannst nicht **mahlen**, **Sie** nicht **leiern**.
Was jede kann ist gut in seiner Art,
Ihr wirket **einzeln** viel und dreymahl mehr gepaart;
Doch **welche mehr?** soll itzt die That entscheiden.
Laſst sehn und hören was ihr könnt,
Um einer **Fürstin**, die euch beiden
Gleich hold ist — (Ihren Nahmen nennt
Euch euer Herz) — und die von Ihrem schönen Leben
Euch immer wechselsweis den schönsten Theil gegönnt,
Was Sie um euch verdient, **Unsterblichkeit,** zu geben.

Ich bin bereit, rief **Polyhymnia**.
Und alles schwieg und lag in stiller Feier;
Und jedes Herz schlug höher, jedes Auge sah
Entzückt empor, da ihrer goldnen Leier
Die Harmonie bald zaubrisch süſs entfloſs,
Bald majestätisch sich wie Meereswogen wälzte,
Bald Feuerströmen gleich aus Donnerwolken schoſs;
Die Seelen bald in Liebeswehmuth schmelzte,

Bald kühn und stolz, mit immer höherm Flug,
Dem Adler gleich, zum Sitz der Götter trug.

Die **Aganippe** vor Vergnügen
Hielt ihren Strom zurück, es schien der Lor-
berhain
Zum himmlischen Getön die Wipfel hinzu-
biegen,
Und in den Lüften hielt im Fliegen
Der Vögel Schaar auf einmahl lauschend ein.

Die **Musen** sahn einander an und schwiegen,
Apollo lächelte, und **Polyhymnia**,
Die was man ihr verschwieg in jeder Miene sah,
Verbirgt in **Kalliopens** Busen
Ihr glühendes Gesicht. Ein andermahl, mein
Kind,
Vergiſs nicht, spricht der Gott der Musen,
Daſs selbst der Götter Ohren — **blind**
Und alle deine Zaubereyen
Nur lieblicher Tumult und dunkle Räthsel
sind,
Wenn **andre Musen** dir nicht ihre Sprache
leihen.

Itzt warf er einen Blick dahin,
Wo, mit Palett und Pinsel in den Händen,

Apellens schöne Lehrerin
Beschäftigt stand ein Bildnifs zu vollenden,
Das mit dem letzten Pinselstrich
Ins Leben sprang, und ganz in allen Zügen
Der Fürstin, die er liebte, glich.
Zu Ihren Füfsen sah man liegen
Was gröfsern Glanz Ihr schuldig war als gab,
Den Fürstenhut, den goldnen Hirtenstab;
Ihr huldigten, mit einer Blumenkette
Umschlungen von den Grazien,
Die Musenkünste in die Wette,
Und alle milden Tugenden;
Und über Ihr, aus eines Volkes Mitten,
Von Ihr als Mutter einst beglückt,
Sah man die Töchter Zevs, die demuthsvollen
    Bitten,
Vom frommen Dank empor geschickt,
Mit heifsen Wünschen für Ihr Leben
Hinauf zum Thron des Göttervaters schweben.

 Die Musen hatten kaum das edle Bild erblickt,
So flogen sie die Schwester zu umarmen.
Es ist Olympia! rief jeder Mund entzückt:
Und Klio trug das Bild in ihren Armen
Die Stirn des Musenbergs hinauf,
Und hing es am Altar des ew'gen Ruhmes auf.

III.

Am ersten Tage des Jahres 1782.

Wenn es wahr ist, was die frommen Alten
Sangen, und was alle die in Dir,
Beste Fürstin, glücklich sind, was wir
Alle aus Gefühl so gern für Wahrheit halten,
Wenn die guten Fürsten Geniusse sind,
Die in menschlichen Gestalten
Unter uns das Götteramt verwalten;
Die der Tafel, wo der Nektar rinnt,
Sich begaben, blofs uns irdischem Gesind'
Auch, damit wir unsers Leids vergessen,
Dann und wann ein Tröpfchen zuzumessen:
Wenn diefs Wahrheit ist, Olympia,
O! so bleib uns lange hold und nah!
So ermüde nicht bey uns zu weilen!
Denn, verliefsest Du uns, alle edleren
Schönern Freuden, die mit Dir wir theilen,
Musen, Künste, Scherze, Grazien,
Spannten flugs Dir nachzueilen
Ihre Flügel aus und liefsen uns allein.

Also laſs die Lust in deine Sfären,
Holde Göttin, wieder heim zu kehren
Uns zu Lieb' noch weit verschoben seyn!
Lang' umtanze noch der schönen Horen
Bunter Zirkel Dich, und giefse, neu geboren,
Frische Blumen stets in Deinen Tritt:
Und wenn endlich doch das Heimweh nach
     dem Himmel
Dich besiegt, so nimm aus diesem Weltge-
    tümmel,
Nimm uns, wenn Du auffliegst, alle mit!

IV.

Am 24. Oktober 1784.

Der Wonnetag, der Dich geboren,
Erhabne Fürstin, kam heran,
Und Dir mit leerer Hand zu nahn
Mich billig schämend, rief ich Floren,
Die freundlichste der milden Horen,
Um eine Handvoll Blumen an.

Du weifst dafs unter andern Gaben
Wir Dichter auch das Vorrecht haben,
Dafs alle Geister, braun und weifs,
Aus Luft und Wellen, Thal und Hainen,
Uns auf den ersten Wink erscheinen.
Es braucht da keinen Zauberkreis
Noch Zauberrauch, noch Zauberworte,
Noch Fallbret, noch geheime Pforte;
Es braucht, um aus der andern Welt
Sie stracks herunter zu citieren,
Vor keinem Ball, von Dunst geschwellt,
Erst Stroh und Wolle anzuschüren;

Noch läſst man, sie zu attrahieren,
Sich um sein bares blankes Geld
Von Mesmern erst magnetisieren:
Kurz, ohne Schwarzkunst und Magie,
Theosofie und Panurgie,
Und andre Kunstmaschinerie,
Muſs über, unter, und auf der Erden
Gott, Göttin, Halbgott und Genie
Uns, wenn wir rufen, sichtbar werden.

  Kaum also daſs der Ruf geschah,
So stand auf ihrem lüft'gen Wagen
Von Schmetterlingen hergetragen
Die Göttin leibhaft vor mir da:
Doch nicht in jenem Blumenkleide,
Worin' sie uns im May entzückt,
Wenn, trotz dem funkelndsten Geschmeide,
Ein bloſser Strauſs die Augenweide
Der losen Liebesgötter schmückt.
Anstatt der leichten Seide drückt
Ein Zobelpelz die zarten Glieder;
Er hängt in Falten steif und schwer
Um jeden ihrer Reitze her,
Und zieht sie schier zur Erde nieder;
Und wie ein frisches Rosenpaar
Im Lenz ihr ganzer Hauptschmuck war,
So wackelt itzt von Strauſsgefieder
Ein bunter Busch auf ihrem Haar
Bey jedem Schritte hin und wieder.

Zwar prangt ihr reiches Unterkleid
Mit tausend niedlichen Buketten,
Die mit Geschmack und Leichtigkeit
Sich zierlich in einander ketten;
Auch breitet sich ein grofser Straufs
Von Anemonen, Veilchen, Nelken
Und Rosen welche nie verwelken,
Gar stolz an ihrem Busen aus;
Man schwüre drauf, er sey natürlich
Und blüh' und dufte: aber, ach!
Die Blumen blühen nur figürlich!
Sie wurden unter B**s Dach
Von jungen züchtigen Brigitten,
(Gleich rein an Fingern und an Sitten)
An einem langen Arbeitstisch
Aus Leinewand und altem Plüsch
Und dünnem Taffent ausgeschnitten.

Ich sehe, sprach die Göttin, Freund,
Dafs dir zu einem solchen Feste,
Wie alle Götter heut vereint,
Mein Aufzug etwas seltsam scheint.
Du siehst das Werk der frühen Fröste:
So hausen die Oktoberweste!
Fürwahr es ist bejammernswerth,
Wie sie in meinem Eigenthume
Geschaltet, alles umgekehrt,
Entfärbt, zerknickt, versengt, zerstört;
So dafs ich gegen mein Kostume
Sogar mich selber, mit Verdrufs,

In Konterbande kleiden muſs.
Denn leider! auch nicht Eine Blume
Blieb mir, anstatt der Händevoll
Womit ich dich bedienen soll.
Ein einzig Röschen, spät geboren,
Wärmt' ich an meinem Busen auf;
Wie viele Sorge wandt' ich drauf!
Das letzte Lieblingskind von Floren
War für Olympiens Fest erkohren;
Du hättest Ihr's in voller Pracht
In meinem Nahmen dargebracht;
Und auch dieſs Röschen — ist erfroren!

So viel ich mich erinnern kann,
Sah Flora hier mich lächelnd an,
Indem ich mit gesenkten Ohren
Kopfschüttelnd ihr vorüber stand,
Und Antwort suchte, und nicht fand,

In einem Nu erfüllt mein Zimmer
Mit süſsem Duft ein bunter Schimmer,
Dem ähnlich, der im Sonnenlicht
Aus einem Tulpenfelde bricht.
Behangen sind mit Blumenketten
Die Wänd' umher, ein Baldachin
Von Hyacinthen und Tazetten
Umwölbt die Blumenkönigin,
Und tausend junge Zefyretten,
An Flügeln Amors Psyche gleich,

An Farben gleich den Schmetterlingen,
Umfächeln sie mit seidnen Schwingen,
Und bilden mir ihr Zauberreich.

   Du Sohn des alten Schwans am Bober,*)
(So hör' ich wie die Göttin spricht)
Der vier und zwanzigste Oktober
Bedarf entlehnten Schmuckes nicht.
Ihm wird so leicht von andern Tagen
Sich keiner gleich zu stellen wagen;
Ihm, der des Engels stolzen Flug
Bestrahlte, der ins Erdeleben
Olympien einst herunter trug!
Verdiensts und Ruhms für ihn genug
Sein Haupt vor andern zu erheben!

   Indefs, wiewohl an diesem Fest
Ihr Zeichen meiner Gunst zu geben
Die Zeit mir freye Hand nicht läfst,
Nichts soll in funfzig künft'gen Lenzen
Die nie ermüdende Begier
Olympien zu gefallen, Ihr
Getreu zu seyn, in mir begrenzen.
Ihr Hain sey künftig mein Refier;
Ihn soll ein ew'ger Frühling kränzen,
Und wo Sie hinblickt, wo Sie harrt,

---

*) Martin Opitz von Boberfeld, der Vater der neuern Deutschen Dichterey.

Soll Florens stille Gegenwart
Ihr überall entgegen glänzen!
Mein bestes Nachtigallen-Kor
Soll Ihr Erwachen laut begrüſsen,
Und Blumen immer neu hervor
Aus jedem Ihrer Tritte sprieſsen.
Will Sie Sich selbst Gesellschaft seyn,
Soll plötzlich Sie im stillen Hain
Der schönste Rosenbusch umweben;
In seiner Blätter leisem Beben
Schein' Ihr ein Genius zu schweben,
Und lade Sie zum Denken ein.
Wird Ihre Hand den Reiſsstift halten,
So soll auf immer neuer Spur
In tausend wechselnden Gestalten
Die unerschöpfliche Natur
Vor Ihren Augen sich entfalten!
Euch übergeb' ich Ihre Flur,
Ihr holden Geisterchen! Vertheilet
Euch schwarmweis überall darin;
Und wo, mit einem Plan im Sinn,
Olympia im Gehn verweilet,
Da zaubert ein Elysium hin!

   Mit diesem Wort verschwand der Baldachin
Von Hyacinthen und Tazetten,
Die schöne Blumenkönigin
Und alle ihre Zefyretten.
Frau Göttin, rief ich ihr, (ihr, die so viel
               versprach,

So wenig that) indem sie aufflog, nach:
Versprechen zeugt von gutem Willen;
Es kostet nichts und klingt doch fein;
Vergiſs nicht, wenigstens die Hälfte zu erfüllen.
Wir wollen dir noch immer dankbar seyn.

V.

Am 24. Oktober 1790.

Die Dankbarkeit, der Menschen erste Pflicht,
Ist, wie man ohne sehr zu lästern
Behaupten mag, der Götter Tugend nicht.
Die Grazien nehm' ich aus, und ihre holden Schwestern,
Das heil'ge Dreymahl Drey, das auf dem Pindus thront,
Die freundlichsten der Götter und Göttinnen.
Die bloſse Lust, womit man ihnen dient, belohnt
Schon durch sich selbst: uns wird an Herz und Sinnen
So wohl dabey, so leicht, so warm, so frey!
Die liebe Zeit, die insgemein wie Bley
Auf Adams Kindern liegt, scheint mit den Charitinnen
Und Musen immer nur zu schnell uns zu entrinnen,
Und kurz, das Wenigste, was wir durch sie gewinnen,
Ist hier — ein Himmelreich, und dort — Unsterblichkeit.

Drum dächt' ich auch (mit Gunst der wer-
    then Christenheit!)
Wir blieben noch, so lang' es uns gedeiht,
In diesem Stück ein wenig — Heiden,
Und schafften unsre Seligkeit,
Anstatt mit Angst und Herzbeklommenheit,
Im Dienst der Grazien — mit Freuden.

* * *

Beschworen sey er denn an diesem goldnen
    Tag,
Der Dich, Olympia, der Welt und uns
    gegeben,
Beym heil'gen Drey und Neun, der fest-
    liche Vertrag,
So lang' die Parzen noch an unserm Daseyn
    weben,
Den Musen und den Grazien zu leben!
Sie haben von des Lebens Morgen an
So viel für Dich, Du hast so viel für sie
    gethan:
Wie sollte durch dieſs wechselseit'ge Geben
Und Nehmen jenes Blumenband,
Das euch umschlingt, nicht unverwelklich
    dauern?
Was sag' ich? Führten sie nicht selbst an
    ihrer Hand
Dich in ihr zweytes Vaterland
Im Jubel ein? — in jene stolzen Mauern,

Wo Göttin Rom, die Herrscherin der Welt,
Noch unter Trümmern sitzt, die Herz und
        Mark durchschauern,
Und den **Kolossen** gleich, von ihnen auf-
        gestellt,
Die Heldengeister Roms noch ihren Fall
        betrauern;
Wo jeder Athemzug, geschwellt
Von dieser Zauberluft, den Funken
Des Hochgefühls, das uns zu Göttern macht,
Selbst in der engsten Brust zur hellen Flamme
        facht.

Doch, darf wohl ein Profaner sich ent-
        blöden,
Olympia, von dem was **Du gesehn** zu
        reden?
Der Arme, dem das Heiligthum der Kunst
Stets unzugangbar blieb! Dem, ach! aus
        tiefer Ferne
Dieſs alles nur in blauem Dunst,
Traumähnlich, oder gar gleich einem Nebel-
        sterne,
Gespenstern gleich, die im Erscheinen fliehn,
Geahndet nur, ach! nicht **gesehn**,
        erschien!
Ihm ziemt es, mit religiosem Schweigen
Sich vor der Glücklichen zu beugen,
Die bis ins Heiligste der ew'gen Tempel
        drang

AN OLYMPIA.

Der höchsten Kunst der Neuern und der
    Alten,
Mit eignen Augen sah die göttlichen Gestalten,
Mit eignem Ohr den himmlischen Gesang
Der Musen hörte, Jahre lang
Mit Nektar und Ambrosia Sich nährte,
Und als Sie endlich — voll der Götterspeise,
    nicht
Gesättigt — wieder zu uns kehrte,
Beym ersten Wiedersehn, aus Ihrem Angesicht
(Den Jüngern gleich die Tabors Glanz ver-
    klärte)
Von allem, was Ihr Aug' in jenem Götterlicht
Gesehn, den Wiederschein in meine Seele
    strahlte,
Und o! so ganz Sie selbst, so ganz
    Olympia,
Vor meinen Augen stand, wie Sie — Ange-
    lika,
Der Grazien vierte Schwester, mahlte!

* * *

Ihr holden Drey, nehmt meinen Dank
    dafür,
Daſs ihr Olympien und unser Glück in Ihr
Uns wiedergabt! — Und wenn, was ich von
    euch gesungen,
Und wenn um eueren Altar
Ein Blumenkranz, von mir geschlungen,
Euch je nicht ungefällig war,

So hört mich itzt! — Laſst die Erinnerungen
Aus jenem schönen Doppeljahr
Gleich Platons göttlichen Ideen
In einem ew'gen Traum vor Ihrer Seele stehen!
Sein Zauber wirke stets auf Ihre Fantasie,
Belebe stets Ihr Herz, erneue
Mit jedem Morgen sich, und streue
Nicht eignen Reitz auf alles um Sie her.
So, holde Grazien, geleitet Sie durchs Leben,
Und (meinem kleinen Ich sein Recht nicht
    zu vergeben)
So laſst, in Belvedere's Hain,
Auch mich von allem dem noch lange Zeugen
    seyn!

DIE ERSTE LIEBE

AN PSYCHE

Im Jahre 1774.

DIE ERSTE LIEBE.

Die Quelle der Vergessenheit,
Aus welcher in der Fabelzeit
Die frommen Schatten sich betranken,
Und dann, vom Loos der Sterblichkeit,
Von Sorgen und von Nachtgedanken,
Von langer Weil' und Zwang befreyt,
In sel'ger Wonnetrunkenheit
Hin auf Elysiens Rosen sanken:
Was meinst du, Freundin, was sie war?
Dein Beyspiel macht die Sache klar;
Du kennst nun Amors Wundertriebe;
Von diesem Lethe sehen wir
Die klaren Wirkungen an Dir:
Diefs Zauberwasser ist — die Liebe.

Ein Tröpfchen, sey es noch so klein,
In Unschuld züchtiglich hinein
Geschlürft aus Amors Nektarbecher,
Thut alles diefs! Was wird geschehn,
Wenn unerfahrne junge Zecher
Im Trinken gar sich übersehn?

Das süße Gift! es schleicht die Kehle
So sanft hinab! — Was Wunder auch,
Wenn eine wonnetrunkne Seele
Dem jungen Faun beym ersten Schlauch
Ein wenig gleicht, dem seine Höhle,
Sein Schlauch, und der geliebte Freund
Der mit ihm zecht, das Weltall scheint?

    Du staunst mich an? — O! um die Dichter-
        köpfe!
Fy! wie mir der **Faununkulus**,
(Das ungleichartigste Geschöpfe
Mit Amorn, der von einem Kuß
Zehn Jahre lebt) da ich ein Gleichniß brauche,
Just in die Quere laufen muß!
Das närr'sche kleine Ding mit seinem ersten
        Schlauche!
Allein, so geht's uns armen Reimern gern.
Nicht immer bleiben wir des Flügelpferdchens
        Herrn!
Bald übermeistert uns die Laune,
Bald gar der Reim. Wer sieht den Abstand nicht
Vom Gott der Zärtlichkeit zum Faune?
Allein den Reim, die Laune, ficht
Dieß wenig an; sie wechseln oder paaren,
Nach Willkühr und Gemächlichkeit,
Oft Dinge, die, seitdem den Elementenstreit
Ein Gott entschied, noch nie gepaart gewesen
        waren:

Die Laune hohlt zur feinsten Ironie
Den Stoff vom — Vorgebirg der Nasen;
Und läſst der Reim nicht ohne Müh
Den Hasen bey Delfinen grasen?

Doch, so wie auch ein Thor einmahl was
    kluges spricht,
So reimte dieses Mahl der Reim so übel nicht:
Denn etwas, gutes Kind, ist, leider! an der
    Sache.
Nicht, daſs ich's dir zum Vorwurf mache!
Die Grazien verhüten's! — Aber doch
Bleibt wahr, was wahr ist: daſs, seit du aus
    Amors — Schlauche
Den groſsen Zug gethan, du kaum von ferne
    noch
(Dank sey dem losen kleinen Gaúche!)
Dich jenes schönen Traums aus einer bessern
    Zeit
Besinnen kannst, den wir für Wahrheit hielten,
Eh' diese Amorn noch um deinen Busen spielten.

Denn, sprich mit Offenherzigkeit,
Wo sind sie hin, die Bilder jener Zeit,
Als, an der besten Mutter Seite,
Wir, wie die guten frommen Leute
Der alten goldnen Schäferzeit,
In sel'ger Abgeschiedenheit

Von Hof und Welt, gleich Gefsners Hirten,
Im Schatten junger Pappeln irrten? —
Die, weil sie **Panthea** mit eigner Hand
    gepflanzt,
In unsern Augen schöner waren
Als **Tempe**, wo mit los gebundnen Haaren
Um Dafnens Stamm die Nymfe tanzt.
Sprich, war in seinen Schäferjahren
Apollo glücklicher als ich?
Auch dich, **Psycharion**, auch dich
Schien unsre Freundschaft zu beglücken;
Ein sanftes, geistiges Entzücken
In deinem Lächeln, deinen Blicken
Schien der geschwisterlichen Schaar,
Die durch dein Anschaun glücklich war,
Des Engels Wonne auszudrücken,
Der sich allein in seinen Freunden liebt,
Und Wonne fühlt indem er Wonne giebt.

 O gute **Psyche**, welch ein Leben,
Hätt' ihm ein günstiges Geschick
Ein wenig Dauer nur gegeben!
Denn ach! es war ein Augenblick!
Der Mond ging auf, der Störer unsrer Freuden,
Der Amorn oft die Zeit zu lange macht:
Uns kam er stets zu früh — er kam, um
    uns zu scheiden!
Vergebens hofften wir den Flug der braunen
    Nacht

Durch unsre Wünsche aufzuhalten:
Wir wurden im Olymp, wie billig, ausgelacht;
Die Götter sparen ihre Macht;
Kurz Föbus ging zur Ruh, und alles blieb
    beym alten.
Was war zu thun? Geschieden mufst' es seyn!
Ein traurig Lebewohl erstarb auf jedem Munde.
Noch diesen letzten Blick! — Da bin ich nun
    allein,
Und stehe noch, mit offnem Aug' und Munde,
Als wurzelt' ich in zauberischem Grunde,
Wie ein gebannter Ritter, ein.

Nicht wahr, an alles diefs erinnerst du dich
    kaum,
Vielleicht, wie man von einem Morgentraum
Die schnell zerfliefsenden Gestalten
Vergebens sich bestrebet fest zu halten?
Vergessen ist im Arm des neuen Agathon
Der gute Psammis-Danischmende;
Die Götterchen von Pafos sehn mit Hohn
Auf ihn herab von ihrem Lilienthron,
Und klatschen in die kleinen Hände.
Doch, was ist hier, ihr Götterchen, am Ende
So viel zu klatschen? Spart den Hohn!
Hofft nicht, dafs uns der Werth der Überwund-
    nen blende!
Mit Zauberwaffen trägt man leicht den Sieg
    davon.

Die Wahrheit, Freundin, ist, daſs der
Von Liebe gar nichts wissen müſste,
Der in dieſs Wunderwerk sich nicht zu finden
wüſste.
Die erste Liebe wirkt dieſs alles und noch
mehr.
Mit ihrem ersten süſsen Beben
Beginnt für uns ein neues beſs'res Leben.
So sehen wir im Lenz der Sommervögel Heer
Auf jungen Flügeln sich erheben:
Gleich ihnen, sind wir nun nicht mehr
Die Erdenkinder von vorher;
Wir athmen Himmelslüfte, schweben
Wie Geister, ohne Leib, einher
In einem Ocean von Wonne;
Bestrahlt von einer schönern Sonne
Blüht eine schönere Natur
Rings um uns auf; der Wald, die Flur,
So däucht uns, theilen unsre Triebe,
Und alles haucht den Geist der Liebe.

O Zauberey der ersten Liebe!
Noch jetzt, da schon zum Abend sich
Mein Leben neigt, beglückst du mich!
Noch denk' ich mit Entzücken dich,
Du Götterstand der ersten Liebe!
Was hat dieſs Leben das dir gleicht,
Du schöner Irrthum schöner Seelen?

Wo ist die Lust die nicht der hohen Wonne
weicht,
Wenn von den göttlichen Klarissen und
Pamelen,
Von jedem Ideal, womit die Fantasie
Geschäftig war in Träumen uns zu laben,
Wir nun das Urbild sehn, sie nun gefunden
haben,
Die Hälfte unsrer selbst, zu der die Sympathie
Geheimnisvoll uns hinzog — Sie,
Im süfsen Wahnsinn unsrer Augen,
Das Schönste der Natur! Aus deren Anblick
wir,
Wie Kinder an der Brust, nun unser Leben
saugen,
Von allem um uns her nichts sehen aufser Ihr,
Selbst in Elysiens goldnen Auen
Nichts sehen würden aufser Ihr,
Nichts wünschen würden, als sie ewig
anzuschauen!

Von diesem Augenblick nimmt sie als
Siegerin
Besitz von unserm ganzen Wesen.
Wir sehn und hören nun mit einem andern
Sinn;
Die Dinge sind nicht mehr was sie zuvor
gewesen.
Die ganze Schöpfung ist die Blende nur, worin

Die Göttin glänzt, die Wolk', auf der sie schwebet,
Der Schattengrund, der ihren Reitz erhebet.
Ihr huldigt jeder Kreis der lebenden Natur:
Ihr schmücken sich die Hecken und die Bäume
Mit jungem Laub, mit Blumen Thal und Flur;
Ihr singt die Nachtigall, und Bäche murmeln nur
Damit sie desto sanfter träume;
Indeſs der West, der ihren Schlummer kühlt,
Für sie allein der Blüthen Balsam stiehlt,
Und, taumelnd vor Vergnügen,
Verliebte Rosen sich auf ihrem Busen wiegen.

Sie träumt — Ein süſses Lächeln schwebt
Um ihren röthern Mund, um ihre vollern Wangen:
O! wär' es zärtliches Verlangen,
Was den verschönten Busen hebt!
O! träumte sie — (so klopft mit ängstlicher Begier
Des Jünglings Herz) o träumte sie von mir!
O Amor, sey der blöden Hoffnung günstig!

Er nähert furchtsam sich, und selbst der keusche Blick
Besorgt zu kühn zu seyn, und bebt von ihr zurück.

Doch Amor giebt ihm Muth, die Dämm'rung ist so günstig,
Und, o wie schön ist Sie! — Verloren im Genuſs
Des Anschau'ns steht er eine Weile
So steinern da wie eine Marmorsäule.
Wie selig er sich fühlen muſs!
Den Göttern gleich zu seyn was fehlt ihm noch? — ein Kuſs,
Ein einz'ger unbemerkter Kuſs,
Wie Zefyr küſst, auf ihre sanfte — Stirne.
Der höchste Wunsch, den seine Liebe wagt!
Und auch dieſs Wenige, so viel für ihn! versagt
Sein Zaudern ihm. Denn eh' sein Mund es wagt,
Reibt Chloe schon den Schlummer von der Stirne.
Sie schlägt die Augen auf. Bestürzung, Zärtlichkeit,
Und holde Scham, in zweifelhaftem Streit,
Verwirren ihren Blick. Er glaubt ihr Auge zürne,
Sieht bang sie an, und flieht. Nun ist rings um ihn her
Die weite Schöpfung öd' und leer,
Die Luft nicht blau, der May nicht blühend mehr;
Das Sonnenlicht hört auf für ihn zu scheinen.
Dort sitzt er, wo der finstre Hain
Die längsten Schatten wirft, auf einem rauhen Stein,

Gefühllos jedem Schmerz — als ungeliebt zu seyn,
Gefühllos jeder Lust — als ungestört zu weinen.

Schon sinkt des Himmels Auge zu,
Schon liegt die Welt in allgemeinem Schlummer,
Und Er, versenkt in seinen Kummer,
Er wird es nicht gewahr. Die Ruh
Flieht, Ärmster, deine Brust, und deine Augenlieder
Der süfse Schlaf! Der Abend weicht der Nacht,
Die schöne Nacht dem schönern Morgen wieder,
(Für dich nicht schön!) und du, an Chloens Bild
Geheftet, ganz von ihr und deinem Schmerz erfüllt,
Bemerkst es nicht! Und doch, bey allem seinem Leiden,
Liebt er die Quelle seiner Pein:
Er nähme nicht der Götter Freuden
Von seinem Wahn geheilt zu seyn!

Doch, welche Wonne, welche Freuden,
Erwarten, sanfter Jüngling, dich,
Wenn Sie, — die alle deine Leiden
Mit dir getheilt, und, wenn bey deinem Anblick sich

Oft eine Thrän' aus ihrem Auge schlich,
Kaum Muth genug sich wegzuwenden hatte, —
Wenn sie die Kraft verliert mehr Widerstand
zu thun,
Wenn, ganz des Gottes voll, das matte
In Liebe schwimmende, unschuld'ge Auge nun
An deiner Wange sich des süfsen Drucks entladet,
Und die vom Übermafs der Lust
Dem Schleier ausgerifsne Brust
In unverhehlten Thränen badet!

Vergieb, Psycharion — Bey diesem Bild
entfällt
Der Pinsel meiner Hand! —·Nehmt ihn, ihr
Huldgöttinnen,
Euch weih' ich ihn! und aufgestellt
In eurem Heiligthum, geliebte Charitinnen,
Sey euch zum Preis, das unvollendte Bild!
Von eurem Schleier sey's verhüllt
Dem Faunenblick des Sklaven seiner Sinnen,
Dem unbegreiflich ist, wie man
Mit Amors Dienst den euren paaren kann;
Der Flammen, die bey ihm nur in den Adern
rinnen,
Vom Schlauch Silens entlehnt,
Und die Empfindungen verfeinter innrer Sinnen
In feilen Armen höhnt.

Verachte, **Psyche**, der Bacchanten
Und Satyrn Hohn! Geneuſs der sel'gen Schwär-
    merey,
Des goldnen Traums, der uns zu Anverwandten
Der Götter macht! Laſs kalte **Sykofanten**
Beweisen daſs er Täuschung sey,
Und glaube du, Glückselige, der Stimme
Des Engels der in deinem Busen wohnt!
Neu ist die Wonne dir womit uns Amor lohnt;
Durch manche Thrän' erkauft, und desto
    süſser! — Schwimme
In diesem Ocean! — Sie, die gefällig sich
Mit der Natur und dem Geschick verglich,
Dich, schöne Freundin, zu beglücken,
Die Tugend billigt dein Entzücken,
Und Amors holde Schwestern pflücken
Idaliens schönsten Kranz für dich.

Du bist beglückt, — und **Ich** — vergessen!
Es sey! — Die Freundschaft eifert nicht.
Noch tanzt das magische Gesicht
Um deine Stirne, noch ist alles eitel Licht
Und Himmel um dich her, noch flieſset unge-
    messen,
Gleich dem unendlichen Moment der Ewigkeit,
Die Zeit der süſsen Trunkenheit —
O **Psyche**, auch für mich war einst so eine Zeit!
Was hätt' ich damahls nicht vergessen,
Als ich in dem Bezaubrungsstand,
Worin Du bist, mit **Doris** mich befand;

Und — wenn ich ihr, so früh es immer tagte,
Bis unbemerkt der letzte Strahl verschwand,
Das ew'ge Einerley, das ich für sie empfand,
Stets neu auf tausend Arten sagte —
Den längsten Tag zu kurz, es ihr zu sagen, fand!

O Wonnetage, gleich den Stunden,
In ihrem Anschaun zugebracht!
O Wochen, gleich dem Traum in einer Sommer-
              nacht!
Geliebter Traum! der, längst verschwunden,
Noch durch Erinn'rung glücklich macht!
Wo seyd ihr hin, ihr unbereuten Freuden,
Du Blüthe der Empfindsamkeit,
Um die wir jene goldne Zeit
Schuldloser Unerfahrenheit
Und unbesorgter Sicherheit
Und wesenloser Lust und wesenloser Leiden
(Mit aller ihrer Eitelkeit)
In weisern Tagen oft beneiden;
Du erster Druck von ihrer sanften Hand,
Und du, mit dem ich mein entflohnes Leben
Auf ihren Lippen wieder fand,
Du erster Kuß! — Euch kann kein Gott mir
            wieder geben!

Sie welkt dahin des Lebens Blumenzeit!
Ein ew'ger Frühling blüht allein im Feenlande;
Und Amors reinste Seligkeit
Bringt uns zu nah dem Götterstande

Um dauerhaft zu seyn. Wie selten ist das Glück,
Das deine Liebe krönt, Psycharion! wie selten
Erhört das neidische Geschick
Der ersten Liebe Wunsch! Wir gäben Thronen, Welten,
In ihrem Rausch, um eine Hütte hin;
Ein Hüttchen nur, im Land der Gefsnerischen Hirten,
Just grofs genug, um uns und unsre Schäferin,
Die Grazien und Amorn zu bewirthen.
Sie wüchsen von sich selbst, im Schutz des guten Pans,
Die Bäume, die, indem wir sorglos küfsten,
Uns Müfsiggänger nähren müfsten!
Wie selig! — Aber Zevs lacht des verliebten Wahns.
Sein Schicksal trennt — aus guten Gründen —
Den Schäfer und die Schäferin.
Und o! wie spitzt sich einst des Pastorfido's Kinn,
Wenn zu den väterlichen Linden
Die Zeit zurück ihn führt, die holde Schäferin,
Auf deren Schwur und treuen Sinn
Er seines Lebens Glück versichert war zu gründen,
In eines andern Arm zu finden!
Noch glücklich, wenn vielmehr — ihr Aschenkrug,
Umringt von traurigen Cypressen,

Ihm sagt: Daſs Chloens Herz, von stillem Gram
    zerfressen,
Aus Sehnsucht brach, und Zug für Zug
Sein werthes Bild mit sich ins Land der Schat-
    ten trug;
Daſs in der letzten Todesstunde
Ihr Aug' ihn noch gesucht und auf dem kalten
    Munde
Sein Nahme noch geschwebt! — Doch drey-
    mahl glücklicher,
Wenn, wie Amandus und Amande,
Nachdem sie manches Jahr zu Wasser und zu
    Lande
Durch Berg und Thal, von Zara's heiſsem Sande
Bis an den gelben Fluſs, sich rastlos aufgesucht,
Der Liebesgott mitleidig ihrer Flucht
Ein Ende macht, im Thor von Samarkande
Sie unverhofft zusammen fügt,
Und, wie sie nun, im vollen Überwallen
Der Zärtlichkeit, sich in die Arme fallen,
Davon mit ihren Seelen fliegt.

Doch, Freundin! setzen wir den seltensten
    der Fälle;
(Denn selbst die Königin der Amorn sah sich nie
In diesem Fall; Vulkan vertrat des Ehmanns
    Stelle,
Und für Adone seufzte sie!)
Gesetzt daſs Cypripor und Hymen sich ver-
    banden,

Zwey Hälften, die, zum Glück, einander fanden,
So zu beseligen, wie mit gesammter Hand
Die beiden Götterchen uns glücklich machen
    können;
Kurz, **Psyche**, setzen wir ein Band
Wie deines: glaubest du, der hohe Wonnestand
Der ersten Schwärmerey, er werde dauern
    können?
Wie gerne wollt' ich dir den süfsen Irrthum
    gönnen!
Doch, leben wir nicht unterm Mond?
Was bleibt vom Loos der Sterblichkeit ver-
    schont?
Im Zauberlande der Ideen,
Da gäb' ichs zu! allein in **unsrer** Welt,
In dieser Werktagswelt, wo blofs vom langen
    Stehen
Selbst der **Kolofs von Rhodus** endlich fällt,
Wird, glaube mir, so lange sie noch hält,
Nichts Unvergängliches gesehen.
Da hilft kein Reitz, kein Talisman!
Der Zauber löst sich auf! — Wir essen
(Verschlingen oft, und thun nicht wohl daran)
Die süfse Frucht, und mitten in dem Wahn
Des neuen Götterstands, dem magischen Ver-
    gessen
Der Menschheit, werden uns die Augen auf-
    gethan.
So wie die Seele sich — dem Leibe
Zu nahe macht, weg ist die Zauberey!

Die Göttin sinkt herab zum — Weibe,
Der Halbgott wird — ein Mann. — Doch,
    Psyche, wenn dabey
Die, so am meisten wagt, am wenigsten verlöre:
Verdiente sie, den Grazien zur Ehre,
Nicht ein Kapellchen in Cythere?

 Daſs übrigens euch in der stolzen Ruh
Des schönen Irrthums nicht die Profezeihung
    störe!
Gesetzt, der Ausgang sagt' ihr zu —
Uns anderm Erdenvolk ist's immer sehr viel Ehre,
Daſs uns ein Mann wie Er, ein Weib wie Du,
So bald als möglich angehöre.
Der Menschenstand, den Doktor **Mandevil**
Und Freund **Hans Jack** (wenn ihn die
    Laun' auf Vieren
Zu gehn ergreift) bey uns verkleinern will,
Hat seinen Werth; und unter allen Thieren
(Die Kaffern nehm' ich aus) ist, wie ein weiser
    Mann
Vorlängst gesagt, nicht Eines anzuführen
Das sich an Tugenden mit **uns** vergleichen
    kann;
Vorausgesetzt, daſs Amor mit den Musen
Und Grazien die letzte Hand
An uns gelegt! — Denn, in dem rohen Stand,
Worin an **Mutter Isis** Busen
Die meisten hangen, geb' ich zu,
Daſs mir ein hübscher **Sapaju**,

Der Sperling Lesbiens, ein Täubchen aus Cythere,
Und Gressets Papagay zum Umgang lieber wäre.

Dir, Schwesterchen, und deinem künft'gen Mann,
Begünstigt wie ihr seyd von Grazien und Musen,
Steht ganz gewiſs die schöne Menschheit an,
Zu welcher, wie das Nektarräuschchen schwindet,
Die Göttin unvermerkt sich abgeschattet findet.
Auch das Gedächtniſs wird dann wieder aufgethan.
Im kleinen Hain der Nachtigallen
Wird, Psyche, dir mein eignes Bild sogar
(Nicht ohne Wunder, wo's zeither geblieben war)
Stracks wieder in die Augen fallen.
Die Freundschaft, eingesetzt in ihr erlangtes Recht,
Wird nicht mehr, weil ihr Rosen brecht,
Von ferne stehn und sich verlassen grämen:
Doch wird sie willig sich bequemen,
In deinem Herzen nur das Plätzchen einzunehmen,
Das Hymen, der doch wohl nicht alles füllen kann,
Ihr lassen will. Auch wird er bald gestehen,
Daſs — wär' es nur, um zuzusehen
Wie wohl euch ist — man dann und wann
Den Freund, so nebenher, ganz wohl gebrauchen kann.

SIXT UND KLÄRCHEN

ODER

DER MÖNCH UND DIE NONNE

AUF DEM MÄDELSTEIN

Ein Gedicht in zwey Gesängen.
1775.

VORBERICHT.

Neben der berühmten Wartburg bey Eisenach stand vorzeiten eine Burg, die (nach einigen Kroniken) schon in der Mitte des fünften Jahrhunderts von einem von Frankenstein erbaut, sieben hundert Jahre darauf von der Herzogin Sofia von Brabant, während ihrer Händel mit dem Markgrafen von Meißen, Heinrich dem Erlauchten, wieder aus den Ruinen gezogen worden, nun aber nur noch wenige Spuren ihres ehmahligen Daseyns aufzuweisen hat. Diese Burg hieß der Mittelstein, woraus der Nahme Mädelstein entstanden, den der Berg noch heutiges Tages in der Gegend führt. Auf diesem Mädelstein ragen zwey Felsenspitzen hervor, die von ferne, und wenn die Einbildungskraft das Ihrige beyträgt, wie zwey sich umarmende menschliche Figuren aussehen. Das gemeine Volk glaubte vorzeiten, (und glaubt vielleicht noch) diese zwey Steine seyen ein Mönch und eine Nonne gewesen, die aus wechselseitiger Liebe dem Kloster entsprungen und sich auf diesen Berg geflüchtet, daselbst aber, zur Strafe ihres Verbrechens und andern ihres gleichen zum abscheulichen Exempel, in dem Augenblicke, da sie sich umarmen wollen, in Stein verwandelt worden seyen. Diese alte Sage konnte vielleicht zu nichts besserm dienen, als daſs sie die Entstehung des gegenwärtigen Gedichts veranlaſste. Die damit vorgenommenen Veränderungen bedürfen keiner Rechtfertigung. Von der Fabel selbst aber kann, wer Lust hat, in LIMPERTS lebendem und schwebendem Eisenach das Mehrere lesen.

ERSTER GESANG.

Der Klosterstand, wovon Pythagoras
Den blinden Heiden schon ein Müsterlein
 gegeben,
Hat seinen Werth, so gut (zum mindsten)
 als — ein Leben
In Diogens berühmtem Lagerfaſs.
Wenn gleich nicht alle propagieren,
Seyd unbesorgt, das menschliche Geschlecht
Stirbt drum nicht aus. — Doch fordert man
 mit Recht
Des inneren Berufs sich erst zu über-
 führen,
Bevor ein Menschensohn das kühne Wag-
 stück wagt,
Und allem, was in Kopf und Herz und Nieren
Uns zweygebeinten federlosen Thieren
Diesseits des Monds am meisten wohl behagt,
Durch einen derben Schwur entsagt,
Um all sein Leben lang, bey wohl verschloſsnen
 Thüren,
Zu fasten und zu psalmodieren.

Beruf, Beruf! darauf kommt alles an!
Der fehlte nun — sagt uns ein altes Mähr-
chen —
Zum Unglück just dem lieben frommen Pärchen,
Wovon ich euch, so gut ich weifs und kann,
Erzählen will, was sich in jenen Tagen
Der Einfalt und der Wunder zugetragen.
Ergetzt es euch, so hat der Dichter halb
erreicht,
Was er dem Leser gerne gönnte;
Denn, glaubet mir, kein Mährchen ist so seicht,
Aus dem ein Mann nicht weiser werden
könnte.

* * *

Ein frommes klösterliches Pärchen,
Er, Bruder Sixt, Sie, Schwester
Klärchen,
Noch beide jung und schön und zart
Und fromm und gut nach Deutscher Art,
Kurz, recht geschaffen für einander,
Wie ehmahls Hero und Leander,
Und (was ich nicht verschweigen mufs)
Der Künste, die Ovidius
De Arte lehrt, so unerfahren
Als nie ein Paar von achtzehn Jahren:
Diefs gute Paar — erschrecket nicht!
Sie glaubten nicht daran zu fehlen,
Die armen argwohnlosen Seelen!

Sie — liebten sich, und nannten's Pflicht.
Sixt sah die junge Schwester gerne,
Die Schwester sah den Bruder gern,
Und ihre schönen Augensterne
Gestanden's frey, doch nur von fern.
Sie fühlten, sich so anzusehen,
Ihr könnt nicht glauben welche Lust:
Sixt blieb wie eingewurzelt stehen,
Und Klärchens Herz hüpft' in der Brust.

Bey dieser Lust sich vorzusehen
Fiel, blofs aus Unschuld, keinem ein.
Wie kann darin was Böses seyn?
Denkt junges Volk. — So pflegt's zu gehen!
Das süfse Gift der Liebe schleicht,
Wie eitel Nektar, glatt und leicht,
Ins Herz hinab; allein, die Wehen,
Die Wehen Kinder, folgen nach.
Da geht's euch wie Dionens Knaben,
Als ihn, versteckt im Honigwaben,
Ein Bienchen in den Finger stach.
Des Busens wollustreiches Dehnen,
Diefs dunkle nahmenlose Sehnen,
Wird unvermerkt zum stumpfen Schmerz.
Euch prefst ihr wifst nicht was das Herz,
Im trüben Auge schwimmen Thränen;
Von eurem Lager flieht die Ruh,
Ihr ruft zu Stillung eures Kummers
Umsonst dem holden Gott des Schlummers,
Und schliefst die Augen schlaflos zu.

Ein innerlich verzehrend Feuer
Leckt euer jugendliches Blut;
An eurer Leber nagt der Geier
Des Tityus, der niemahls ruht;
Wie Rosen in der Mittagsgluth
Welkt ihr dahin, wie auf den Matten
Gemähtes Gras; und, kurz und gut,
Wenn Amor nicht ein Wunder thut,
Bleibt nichts von euch als euer Schatten.

Diefs war der jammervolle Stand,
Worin sich unser Paar befand.
Denn, ach! sich lieben und nicht sehen,
Und, sieht man sich, durch Blicke nur
Einander was man fühlt gestehen,
Ist mehr als menschliche Natur
Ertragen kann! — Nur Einmahl, nur
Auf ihre Hand, den Mund zu drücken,
(Seufzt Bruder Sixt) o welch Entzücken!
Nur ihre Hand an meine Brust:
Mein Leben gäb' ich drum mit Lust!

Wie gern erhörte Schwester Klärchen,
Du lieber armer Bruder Sixt,
Den Wunsch den du zum Himmel schickst!
Sieh, zum Beweis, das helle Zährchen,
Das aus den Augen — stets nach dir
Mit reiner herzlicher Begier
Gerichtet — auf die Leinwand bebt,

Die sich von ihren Seufzern hebt.
Wie gerne hätt' er diese Zähre
Vom weifsen Kragen weggeküfst!
In meinen Augen, dafs ihr's wifst,
Macht Sixten diese Schwachheit Ehre.
Ein Mensch, der doch kein Engel ist,
Kann traun! um kleinern Sold nicht minnen.
Ach! um diefs Thränchen zu gewinnen
Wär' er auf Erbsen, barfufs, bis
Nach Rom gereist, diefs ist gewifs!
Allein dem Prior mit dem langen
Eisgrauen Barte sein Verlangen,
So unschuldsvoll es immer war,
Zu beichten, — nein, diefs war nicht möglich!
Er hätt' es noch so herzbeweglich
Vorbringen mögen, offenbar
Lief er Gefahr — o Gott! ihm stehen
Vor dem Gedanken schon die Haar'
Zu Berge — lief er nicht Gefahr
Sein Klärchen gar nicht mehr zu sehen?

Wie wird's den armen Seelen gehn!
Verhaltne Liebe, sagt Galen,
(Sagt's oder hätt' es sagen sollen)
Je mehr wir sie verbergen wollen,
Je tiefer frifst sie sich ins Herz.
Ihr Schmerz ist ein zu süfser Schmerz,
Als dafs man gleich an Heilung dächte;
Und wenn man dann geheilt seyn möchte,

So ist's zu spät. Diefs sehen wir
An Bruder Sixt und Schwester Klare.
Schon drey äonenlange Jahre,
Unglückliche, bekämpfet ihr
Natur und Herz; Kasteyen, Beten,
Die Geifsel und das härne Kleid
Habt ihr versucht, den Feind zu tödten:
Umsonst, je hitziger ihr kämpft,
Je minder wird sein Trotz gedämpft.

Zum Unglück ist, zumahl bey Klaren,
Der Sitz des Übels — nicht im Fleisch.
Sie ist so neu, so unerfahren,
Und liebt so schön, so engelkeusch!
Für sie nur schlimmer! Denn je reiner
Des Nönnchens Seele ist, je feiner
Sie denkt und fühlt, je minder läfst
Durch Geifseln, Wachen, Fasten, Beten,
Solch eine Neigung sich ertödten.
Im Tempel selbst, am höchsten Fest,
Schwebt Sixtens liebes Bild ihr immer
Vor ihrer Stirn! Im Speisezimmer,
In jedem Kreuzgang, jedem Sahl,
An jeder Wand hängt's überall
Gemahlt, geschnitzt, mit einem Schimmer
Von Gold ums Haupt. Ihn mufs sie sehn
Wohin sich ihre Blicke lenken,
Mufs mit ihm auf und nieder gehn,
Mufs von ihm träumen, an ihn denken,

Und träumte sie vom Himmelreich.
Kurz, was in **Klärchen** leibt und lebet,
Ist durch und durch mit ihm verwebet,
Und ihm sehn alle Heil'gen gleich.

Eh' könnte sie sich selbst verlieren
Als dem geliebten Bild entfliehn.
Vertieft sie sich im **Meditieren**,
Unwissend meditiert sie — **ihn**;
Wenn Todesbilder ihr erscheinen,
So ist's, um **Sixtens** Tod zu weinen;
Wenn zu des Paradieses Glanz
Sich ihre Fantasie erhöhet,
Entzückt der schöne Sternenkranz,
Der sich um ihre Scheitel drehet,
Sie nur, weil **Sixt** ihn pflückt' und gab;
Und selbst des Fegfeu'rs Flammen wehet
Sein Athem kühlend von ihr ab.

O sagt, die ihr die Liebe kennet,
Ist euch um **Klärchens** Herz nicht bang?
Ein Herz, das so wie ihres brennet,
Wenn Schicksal, Mauern, Klosterzwang
Und Schwur den Liebling von ihr trennet,
Laſst seine Liebe noch so rein,
Laſst seine Seufzer Engel seyn,
Zu bald wird die Natur es rächen!
Die schwärmerische Seelengluth

Entflammet bald ein junges Blut,
Und reinste Liebe wird zu Wuth
Wenn Trost und Hoffnung ihr gebrechen.

Wie kann sie von Entbehrung leben?
Sie will geniefsen was sie liebt,
Und Küsse die sie träumend giebt
Will sie zuletzt auch wachend geben.

Ihr sprecht: in stillen Liebesthränen
Ist Wollust; — wahr! doch sagt, was ist
Natürlicher als sich zu sehnen:
„O! würden sie mir aufgeküfst!"

Allein, wenn jeder Wunsch des Herzens
Auf ewig unbefriedigt bleibt;
Wenn jede Nacht den Grad des Schmerzens,
Die Pein der Sehnsucht höher treibt;
Wenn sich in brünstigem Verlangen
Die Arme aufthun, liebevoll,
Und einen Schatten stets umfangen:
Sagt, wie ein Herz nicht brechen soll?
Wer wünschte nicht, ein Marterleben,
Das nur verlängert wird zur Pein,
Dem der es gab zurück zu geben?

Bald ausgespannt, bald frey zu seyn,
Ist nun auch Klärchens Trost allein!

Da sitzt bey mattem Lampenschein
Das arme Kind in seiner Zelle,
Blaſs, wie bey düstrer Mondeshelle
Ein Geist auf einem Leichenstein.
Vertrocknet ist der Thränen Quelle;
Auf einen Todtenkopf den Blick
Geheftet, bebt sie nicht zurück
Vor dem Gedanken, bald zu sinken
Ins kühle Grab, die Ruhestatt
Des Müden, der vollendet hat
Der Leiden bittern Kelch zu trinken.
Sie sieht, mit Palmen in der Hand,
Ihr aus den Wolken Engel winken;
Sieht schon die Siegeskrone blinken,
Und seufzt: „O! diese Scheidewand
O! möchte sie noch heut zerstieben!
Was ist's das mich an diese Welt,
Mein Trauter, noch gefesselt hält?
Werd' ich dich dort nicht reiner lieben?"

So schwärmt die kranke Fantasey
In Klärchens sanfter schöner Seele,
Stets sanft und zärtlich, — wie im May
Die stille Nacht durch Filomele
Um den geraubten Gatten weint.

Ganz anders wirkt die Fieberhitze
In ihrem unglücksel'gen Freund.

Wild springt er auf vom harten Sitze,
Umarmt in glüh'nder Raserey
Ein Krucifix — (er wähnt es sey
Der Abgott seiner Seele) — drückt
Mit tausend liebestrunknen Küssen
Es an sein schlagend Herz, — erblickt
Mit kaltem Schau'r was er gethan,
Und stürzt betäubt dem Gott zu Füfsen,
Und fleht um einen Blitz ihn an!

   Die ihr, von frommem Wahn geblendet,
Den Arm zu Molochs-Opfern hebt,
O Väter, eh' ihr sie vollendet,
Betrachtet dieses Bild, und bebt!

ZWEYTER GESANG.

Nun, da ihr die verliebten Seelen
So unaussprechlich elend seht,
Daſs Satan selbst sie baſs zu quälen
(So gut er auch die Kunst versteht)
Nicht möglich fände; sagt, was können
Wir eilends für sie thun? — Sie brennen;
Ihr letzter Augenblick ist nah.
O! ist denn zwischen Erd' und Himmel
Kein Engel sie zu retten da?
Und käm' er auf Sankt Görgens Schimmel
Geritten — Ach! der Fall ist da,
Wo nur ein Gott *ex machina*
Uns helfen kann. Sey's um ein Wunder!
Noth geht an Mann; wir sinken unter!

So höret also was geschah:
Ein Schutzgeist — nicht *ex machina*,
(Denn jeder Mensch hat seinen eignen,
Sagt Hermas, der es wissen muſs,

Und Dichter werden's ihm nicht läugnen)
Ihr guter weißer Genius
Demnach — doch, richtiger zu sagen,
Sind's ihrer zwey, die dieses Mahl,
Zwey arme Seelen aus der Qual
Zu retten, sich ins Mittel schlagen.

Ein Genius kann, wie ihr wißt,
Viel thun, das uns unmöglich ist;
Kann Wetter machen, donnern, blitzen,
In einem Wink ein Weltchen baun,
Und Träume, lieblich anzuschaun,
Aus bunten Morgenwolken schnitzen.

Ein Traum — spricht Klärchens Genius
Zu Sixtens — denkst du nicht dieß brächte
Die Sach' am ehesten zum Schluß?
Versuchen wir's die nächsten Nächte!

Sie senden also, mit Bedacht,
Stracks in der ersten Osternacht,
Früh eh' die Glock' aus ihren Nestern
Die Brüder aufweckt und die Schwestern,
Zwey Träume, die so gleich sich sah'n
Wie neugeborne Zwillingsbrüder.
Mit schlummertriefendem Gefieder
Läßt einer sich auf Sixten nieder:
Der andre schmiegt wie Leda's Schwan
Sich sanft an Klärchens Busen an.

Auf einmahl stellt der Traum sich ihnen
Gleich einem jungen Cherub dar,
Schön wie die Liebe, hell und klar:
Von Amaranten und Schasminen
Durchwebt ein Kranz sein goldnes Haar;
Zwey Sterne seine Äuglein schienen,
Und seine Wängelein Rubinen;
Doch deckt ein dreyfach Flügelpaar
Mit tausend Regenbogenfarben
Sein zartes Leiblein ganz und gar.

Die beiden armen Seelen starben
Vor Freuden fast ob dem Gesicht.
Es tritt zu ihnen hin und spricht:
„Ich bin der Schutzgeist frommer Liebe,
Und euer Leiden rühret mich;
Es wäre Jammer, sicherlich,
Wofern es unvergolten bliebe.
Hört an! Dort hinter jenem Hain
Erhebt sich zwischen öden Bergen
Der kahle schroffe Mittelstein;
Scheint recht dazu gemacht zu seyn,
Zwey fromme Täubchen zu verbergen.
Ein festes Schloß war's hiebevor;
Noch ragen stattliche Ruinen
Aus wilden Büschen hoch empor,
Die sollen euch zur Zuflucht dienen!
Dort fliehet hin, dort sollt ihr ruhn:
Das Weit're wird die Liebe thun."

Drey Nächte nach einander träumen
Die Liebenden den gleichen Traum.
Er heifst sie eilen und nicht säumen;
Und, ihren Zweifeln keinen Raum
Zu lassen, reicht der Cherub ihnen
Sein weifses Händchen, unersucht,
Zum Unterpfand, auf ihrer Flucht
Mit sicherem Geleit zu dienen.

„O lieber süfser Wonnetraum!
Ruft Sixt, und springt von seinem Schragen
Lusttaumelnd auf: — du goldner Traum,
Du sollst es mir nicht zweymahl sagen!"
Und gleichwohl, da er nach und nach
Sich kühler mit sich selbst besprach,
Erhoben sich Bedenklichkeiten;
Er wankte noch sogar beym zweyten:
Doch auch den dritten zu bestreiten —
Bewahre Gott! — Und müfst' er sich
Durch zwanzig Ritter-Görgens-Drachen
Den Weg zu seinem Nönnchen machen,
Er ist entschlossen festiglich!

Mit Klärchen, von Gewissen zärter,
Und schüchterner, wie billig, als
Ein junger feur'ger Wagehals,
Mit Klärchen ging es ungleich härter;
Wiewohl den Traum, so schön er war,
Mit seinem krausen gelben Haar

Und seinen Regenbogen-Schwingen,
Sich wieder aus dem Sinn zu bringen
Ihr schlechterdings unmöglich war.
„Allein, solch einen Schritt zu wagen!
Ich, eine Gottgeweihte, fliehn
Aus seinen Mauern! Und wohin?
Dir, heil'ge Scham, o dir entsagen,
Um einem Jüngling nachzuziehn?
Entsetzlich! Nein! Ich kann's nicht wagen!"

Und doch — wie könnt' es Sünde seyn,
So, wie Sie liebt, zu lieben? — Nein,
Es kann nicht! Lieben nicht die Engel
Im Himmel auch? — Ihr Herz ist rein,
Rein, wie am unberührten Stengel
Die Lilie, zum ersten Mahl
Halb aufgethan dem Sonnenstrahl.
Entfernt vom eiteln Weltgetümmel
Für ihren Sixt und für den Himmel
In frommer Abgeschiedenheit
Die wenig Tage hinzuleben,
Die ihr der nahe Tod noch leiht!
„Aus seinen Armen hinzuschweben
Ins Reich der Unvergänglichkeit!
O Sixt, an deiner Brust zu sterben,
Von deinen Thränen noch erquickt,
Von Dir mein Auge zugedrückt —
Wie? machte diefs mich ungeschickt
Des Paradieses Kranz zu erben?

Und doch! — o Gott, was ist denn diefs
Das mich beklemmt? Warum diefs Schauern?
Was ruft mir? Welche Hand ist diefs
Die mich ergreift, in diesen Mauern
Zurück mich hält? Ach! zu gewifs,
Sie warnt mich! Unglücksel'ge, fliehe!
Die Hölle öffnet gegen dich
Den düstern Flammenschlund — Ich glühe!
O alle Engel, rettet mich!"

So ungestüm schlug Well' auf Welle
In Klärchens Brust; sie treibt umher
In einem wilden Zweifelmeer:
Entfliehn ist Tod, und bleiben Hölle!
Sie kämpft, das gute Seelchen! ach,
Sie kämpft aus allen ihren Kräften:
Doch ihre Kräfte waren schwach;
Sixt zog mit dreymahl stärkern Kräften
Ihr liebend Herz dem seinen nach.
Und hiefs sie nicht ihr Engel wandern?
Ihr Engel? — Und sie glaubt so dreist
Dafs es der weifse war! Ein Geist
Vertauscht sich leicht mit einem andern;
Zumahl der schwarze (wie bekannt)
Gern unsern bösen Lüsten schmeichelt,
Und oft im schönsten Lichtgewand
Den reinen heil'gen Engel heuchelt.

Doch, wie ihm sey, diefs ist gewifs,
Die guten Klosterkinder zogen,

(Nachdem sie was ihr Herz sie hieſs
Mit ihrer **Pflicht** leicht abgewogen)
Wohin der schöne Traum sie wies:
Und wurden sie von ihm belogen,
So werfe jedes, das sich nie
In Fällen dieser Art betrogen,
Getrost den ersten Stein auf sie.

Zu groſsem Labsal unsrer Frommen
Ist nun die vierte Nacht gekommen.
In beide haucht ihr Genius
Zugleich den nehmlichen Entschluſs.

Wie sie aus ihrer Klaus' entkommen,
Darüber mag, wie's ihm gefallt,
Sich jedes mit sich selbst vertragen.
Was läſst sich nicht mit Amorn wagen,
Dem gröſsten Zaubrer in der Welt!
Zudem war's in den Ostertagen,
Und Schwesterchen und Brüder lagen,
Nach tausend überstandnen Plagen,
Mit Gottes Gaben wohl gefüllt,
In Schlaf und Weindunst eingehüllt.

Viel Glücks! Die Vögel sind dem Bauer
Entwischt! rings um ist alles still;
Erstiegen ist die Gartenmauer,
Der Hahn kann krähen wenn er will.

Auf ungebahnten Pfaden keuchen
Die Pilgrime der Liebe fort:
Hoch schlägt ihr Herz, den sichern Port
Noch vor der Sonne zu erreichen.

Sie wallen führerlos daher,
Von Osten Sie, von Westen Er,
Nicht ohne Angst und schwere Zweifel,
Ob nicht vielleicht ihr Feind, der Teufel,
Sie durch ein falsches Traumgesicht
Belogen? — „Gott, denkt Schwester Kläre,
Wenn ich nun hingekommen wäre,
Und fänd' ihn nicht! und fänd' ihn nicht!
O alle Heilige und Seelen,
Erbarmt euch eurer armen Magd!
Mein Gott! ich glaubte nicht zu fehlen,
Thät' ich was Engel mir gesagt.
O gute Geister, tragt Erbarmen,
Nie hätt' ich's aus mir selbst gewagt!"

Indem, noch fern von seinen Armen,
So bitterlich sein Klärchen klagt,
Hat Sixt mit herzlichem Vergnügen
Den hohen Berg bereits erstiegen,
Das Ende seiner schweren Pein.
Er steht und zieht mit vollen Zügen
Die Luft der Freyheit wieder ein.
Nachdem er lang' ein Afterwesen,
Das die Natur nicht kennt, gewesen,
Welch eine Wollust, Mensch zu seyn!

O Klärchen, ruft er, diese Wonne
Mit Dir getheilt! — und schaut umher
Nach seiner herzgeliebten Nonne;
Erblickt sie nirgends — weg ist Wonne!
Er steht allein, rings um ihn her
Ist Erd' und Himmel wonneleer!

Nun färbt der erste Strahl der Sonne
Des Berges Stirne. Unruhvoll
Steigt Sixt herab, den Weg zu wallen,
Auf dem sein Nönnchen kommen soll.
Er ruft ihr laut; die Felsen hallen
Den Ruf zurück, und Klärchen schallt
Vervielfacht durch den Fichtenwald.
Erwachte Nachtigallen feiern
Des Tages Sieg; doch von der theuern
Geliebten Stimme und Gestalt
Ist nichts zu hören noch zu sehen.

Schon will ihm Sinn und Muth vergehen:
Als ihm, indem er Thal und Höhen
Wie ein verrückter Mensch durchschweift,
Auf einmahl hinter dichten Hecken
Mit einem Schrey von süfsem Schrecken
Sein Klärchen in die Arme läuft.

Verlangt nicht dafs ich ihr Entzücken
Beschreiben soll. Natur, Natur,
Du bist mir heilig! Wer's erfuhr

Schwatzt nicht von solchen Augenblicken.
Ich seh', ich seh' sie, Brust an Brust,
Entseelt von grenzenloser Lust
Die Augen starr gen Himmel heben;
Er hat sich aufgethan — sie schweben
In seinem Wonneglanz daher,
Nichts Sterblichs ist an ihnen mehr,
Sie schweben auf — ins ew'ge Leben!

Versteinert bleibt ihr Leib zurück,
Und zeigt, noch warm vom heil'gen Triebe,
Des Wandrers sanft gerührtem Blick
Diefs ew'ge Denkmahl ihrer Liebe.

DAS LEBEN EIN TRAUM.

EINE TRÄUMEREY

BEY

EINEM BILDE DES SCHLAFENDEN ENDYMION.

1771.

DAS LEBEN EIN TRAUM.

1.

Wie schön, von Luna eingewiegt,
Endymion hier im Mondschein liegt!
Auf seinen Wangen scheint der schönste Traum
        zu schweben.
Die Wonne, die sein Herz entzückt,
In jedem Muskel ausgedrückt,
Scheint was Vergötterndes dem Sterblichen zu
        geben.
Du, dem sein Schlaf ein Bild des Todes heifst,
Sieh hier dich widerlegt! Ist glücklich
        seyn nicht leben?

2.

Wenn Demokrits, des Weisen, Geist
In andre Welten zieht, läfst er den Abderiten
Sein sichtbar Theil zurück. Sie nennen's
        Demokriten;

Da geht er ja, und schwatzt, und ißt und trinkt,
Und macht es (wie die Herren dünkt)
So gut, als einer ihrer besten.
Und doch betrügen sich die Herr'n.
Der **wahre Demokrit** ist fern
Im Geisterreich, bey **Jovis** Gästen,
Giebt unterwegs vielleicht Besuch dem Mann
           im Mond,
Und irrt, von Welt zu Welt, durch **Lam-**
           berts Himmelskreise,
Bis in den Raum wo niemand wohnt.

5.

    Und glaubet nicht, daß etwa dieß der weise
Demokritus *ex privilegio*
Voraus gehabt. Es geht uns eben so.
Das träge Thier, das wir gewöhnlich reiten,
Ist (wie **Pythagoras** uns lehrt)
Kein **Theil** von unserm Selbst, wie des Cen-
           tauren Pferd.
Was Wunder denn, wenn sich der Geist zu
           Zeiten
Veränd'rung macht, (denn meistens geht der
           Trott
Des Thierchens etwas schwer) und, wie sich
           Anlaß zeiget,
Bald einen **Schmetterling**, bald einen **Lie-**
           besgott,
Bald einen **Cherub** gar besteiget?

4.

Die letzte Art von Reiterey
Hat (die Gefahr des Schwindels ausgenommen,
Und daſs man wissen will, der ein' und
andre sey
Ein wenig a n g e b r a n n t davon zurück
gekommen)
Den Werth der S c h n e l l i g k e i t. Ihr kommt,
in gleicher Zeit,
Auf keinem P e g a s u s so weit,
Und steigt so hoch, daſs euch (wie dort dem
frommen
S t a l l m e i s t e r Don Quischotts) der Sitz der
Sterblichkeit
Ein S e n f k o r n nur, und wir, die auf zwey
Beinen
Uns drauf bewegen, kaum wie H a s e l n ü s s e
scheinen.

5.

Die Weisen die zu Fuſse gehn,
Und nach den überird'schen Kreisen
Bey kaltem Blut durch lange Röhren sehn,
Sind keine Gönner zwar von solchen Seelen-
reisen,
Und fordern trotziglich, ihr sollt was ihr gesehn
Durch x und y beweisen.

Bleibt noch so überzeugt dabey
Ihr habt's **gefühlt, gehört, gesehn** —
 mit Geistessinnen:
Bey ihnen ist damit sehr wenig zu gewinnen.
Das grofse Machtwort **Schwärmerey**
Löst alles auf! — Als ob, indem ich **seh' und höre**,
Am Wie? mir was gelegen wäre?

6.

Denkt, zum Exempel, euch, in aller seiner Pracht
Den ersten besten **Schach aus Tausend Einer Nacht**:
Mit aller Majestät die seines gleichen kleidet
Füllt er den goldnen Thron in seinem Divan aus;
Er nickt (im Schlummer zwar) doch dieser Nick entscheidet!
Sein **Seneschall** macht ein **Edikt** daraus.
Der Staatsversorgung folgt ein Schmaus
Und Saitenspiel, und Tanz, und Sängerinnen;
Bis endlich, mit betäubten Sinnen,
Der eingesungne Völkerhirt
In grofsem Pomp zu seiner Ruhestätte
Um Mitternacht getragen wird.
Flugs nehmen an dem goldnen Bette
Zwey junge Nymfen ihren Stand,

An Lieblichkeit den Huri's zu vergleichen,
Mit grofsen Wedeln in der Hand,
Von Seiner Majestät die Fliegen wegzuscheuchen.
Nun setzet, dafs auf diesem Fufs,
Wiewohl im Wahne blofs, ein Waldheims-
    bürger lebe,
Worin bestände wohl der Unterschied? — Ich
    gäbe
Für meinen Theil darum nicht eine hohle Nufs.
Hört, wenn ihr wollt, warum. — Als
    Dionysius
Die Knaben zu Korinth das Alfa-Betha lehrte,
Anstatt des goldnen Stabs, den ihm das Glück
    entwand,
Den Birkenzepter in der Hand:
Was, meint ihr, dacht' er da von seinem Für-
    stenstand?
„Was einer, der im Traum sich Sultan
    nennen hörte."
War's etwa mehr? — Ich glaube kaum.
Ihm däucht sogar, die ganze Posse währte
Nicht länger als ein Wintertraum.
Denn zwanzig Jahre gehn in einen engen
    Raum
Wenn sie vorüber sind; sie werden zu Se-
    kunden:
Füllt sie mit allem aus, was je in frohen
    Stunden
Ein Glücklicher an Seel' und Leib empfunden;
Sie fliehn vorbey, und sind — ein Traum.

7.

Wenn Salomo in seinen alten Tagen
Uns predigt: „Unterm Sonnenwagen
Ist alles eitel Eitelkeit!
Ihr guten Leute, braucht die gegenwärt'ge Zeit!"
War's ohne Zweifel dieſs, was Seine Hoheit meinte.
Dieſs war's, was bey Gelegenheit
Demokritus belacht' und Heraklit beweinte.
Deſswegen bloſs hielt Diogen
Es nicht der Mühe werth, in diesem Traum von Leben
Um wie und um warum sich viele Müh' zu geben;
Und wenn er nicht, um Filipps Sohn zu sehn,
Aus seiner Tonne kriechen wollte,
Und da er eine Gunst von ihm sich bitten sollte,
Ihn bat: so gut zu seyn und seines Wegs zu gehn;
So denket nur, es sey aus diesem Grund geschehn.
Hingegen fand, ich wette, bloſs deſswegen
Freund Aristipp, es sey daran gelegen,
Den Augenblick, worin wir sind,
Flugs, eh' er uns entschlüpft, zu etwas anzulegen,

Wovon wir, wenn das Glas zu Ende rinnt,
Uns mit Vergnügen sagen mögen:
„Da lebten wir! Diefs Tröpfchen Zeit,
Nach seinem innern Werth, war eine Ewigkeit!"
Was wollt ihr? Selbst ein Mann von unbescholtnem Leben,
Selbst **Epiktet** giebt uns den Unterricht:
„Geniefsen was die Götter geben
Sey aller frommen Menschen Pflicht."
Ist alles gleich nur Luft und Seifenblase,
Gemahlte Wolke, Wurmgespinst,
Und Flittergold, und Schmuck von buntem Glase,
Kurz, eitel Eitelkeit — Herr **Seneka**, gewinnst
Du etwa mehr dabey, von unsern Kinderspielen
Dich abzusondern? nichts zu sehen, nichts zu fühlen,
Weil, was man sieht und fühlt, ein Spiel der Sinnen ist?

8.

„**Gewinnen?** — (schnarrt mit aufgeworfner Nase
Ein neuer **Seneka**) man hört an dieser Frase
Von welcher feinen Zunft du bist!

Gewinnen? — Wisse, daſs ein Weiser
Nicht Sich, daſs er dem Ganzen lebt.
Gold, Diademe, Lorberreiser,
Mit Amors Rosen unterwebt,
Der Künste Zauberey, der Reitz verwöhnter
        Musen,
Der wollustvolle Tanz, das weiche Saitenspiel,
Glitscht schadlos ab an seinem festen Busen.
Sein einzigs, unbeweglichs Ziel
Ist, treu zu seyn den ewigen Gesetzen
Des groſsen Alls, und Arbeit sein Ergetzen.
Nie macht in seiner Pflicht ihn Furcht und
        Hoffnung schwank,
Und weder Frynens Schooſs, noch eine Fol-
        terbank,
Wird über ihn erhalten können,
Die Lust ein Gut, den Schmerz ein
        Weh zu nennen.
Die ganze Welt verschwöre sich
Was Unrecht ist in Recht zu wandeln:
Betrogne Welt! bedauern kann er dich,
Doch anders wird er nicht dir zu Gefallen
        handeln.
Und träten, wie in Rom geschah,
Die Götter selbst auf Cäsars Seite:
Auch dann, im hoffnungslosen Streite,
Steht Kato ganz allein auf Seiner Seite da;
Der Mann des Staats, sein Schutzgeist, sein
        Berather,

Nur für die Republik Freund, Bruder, Ehmann,
                Vater;
Der nur für Rom und für die Freyheit lebt,
Und, ihren Fall den Göttern zu vergeben
Unfähig, sie zu überleben
Verschmähend, sich in ihrem Schutt begräbt. —
Und solch ein Leben Traum zu nennen,
Erröthest du im Angesicht
Der Weisen aller Zeiten nicht?"

    Freund Seneka, du wirst vergönnen —
Ich rede von der Brust — ich nenn' es: ein
                Gedicht.
Den Weisen, den du mahlst, hat ihn ein Weib
                geboren,
Und floss in seinen Adern Blut,
War er mit Augen und mit Ohren
Versehn, und ass und trank, wie unser einer
                thut,
So war er wahrlich nicht der Mann, den du uns
                mahlest!
Herr Stoiker! wir kennen uns, du prahlest!
Wir wissen auch, was seyn kann oder nicht:
Dein weiser Mann bleibt ewig — ein Gedicht.
Ich sage mehr! Der Mann, der stets nach Re-
                geln handelt,
Stets Herr ist von sich selbst, und niemahls sich
                verwandelt,

Allein für andre lebt, nichts fürchtet, nichts begehrt,
Kurz, nie was Menschliches erfährt,
Der Mann, wofern er nicht ein Gott ist, ist ein Schwärmer;
In seiner Art ein wenig befsrer Mann
Als **Attila** und **Gengiskan**,
Als **Kromwell**, **Miriweys**, und andre solche Lärmer.
„Die Tugend?" — O, die hat dein **Kato** selbst nicht wärmer
Geliebt als ich! Sie ehrt sogar der Bösewicht;
Und ohne Gleifsnerey, aus **Neigung**, nicht aus Pflicht,
Ist schöner Seelen Lust sie fröhlich auszuüben.
Doch selbst die Tugend kann kein Schwärmer weislich lieben.

9.

Die Tugend ist den schönen Formen gleich,
Die jungen Künstlern zu Modelen
Ein **Polykletus** giebt: „Ihr Knaben hütet euch
Die Schönheitslinie nur ein Haar breit zu verfehlen!"
Sie hält in allem Mafs und Zeit;
Dem strengen Recht vermischt sie Billigkeit;
Sie wird sogar aus zweyen Übeln wählen,

Wenn ihr die Noth die schwere Wahl gebeut.
Fehlt dem geraden Weg, wie öfters, Sicherheit,
Läſst sie die Klugheit sich durch Seitenwege
    führen;
Und wenn der Widerstand ihr Werk zu hem-
    men dräut,
So giebt sie etwas nach, nicht Alles zu verlieren.

10.

Dieſs thut ein Kato nie: sein edler Starr-
    sinn geht
Allein und unverwandt auf seinem eignen Pfade,
Und achtet nicht, woher der Wind des Zufalls
    weht.
Sein Anti-Kato selbst gesteht,
Halb ungern, ein, es sey um seine Tugend
    Schade:
Sie nahte sich vielleicht dem höchsten Grade,
Allein sie kam ein Säkulum zu spät.
Was half es, Porcius, die gute Zeit der Alten,
Des armen Roms gezwungne Mäſsigkeit
Der Königin der Welt zum Muster vor-
    zuhalten?
Die Sitten wechseln mit der Zeit.
Soll sich Lukull, bereichert mit den Schätzen
Des goldnen Asiens, der Mehrer seines Staats,
Der Cimon Roms, der Sieger Mithri-
    dats,

Wie **Kurius**, zu magern **Rüben** setzen?
Vergebens hoffest du, durch deines Beyspiels
 Kraft
Die neuen Sitten zu besiegen.
Mit einer Art von schauerndem Vergnügen
Wirst du vielleicht wie einer angegafft,
Der aus der andern Welt zu uns herauf
 gestiegen:
Doch bald gewöhnt das Auge sich an dich,
Und findet deinen Ton, und deine strengen
 Sitten,
Gleich deinem Rock ahnherrlich zugeschnitten,
Zwar ehrenfest, doch etwas lächerlich.
Von allen, welche sich für deine **Freunde**
 gaben,
War auch nur Einer, der zum **Muster** dich
 erkohr?
Den **Einen** wenigstens war's besser **nicht**
 zu haben;
Denn dieser Eine heifst **Plutarchen** selbst
 ein Thor.
Gestehe nur, (wenn das Gesetz der Schatten
In die vergangne Welt dir einen Blick erlaubt)
Die **Cäsarn** und **Pompejen** hatten
So Unrecht nicht wie du geglaubt.
Ein **Kato** war in Cäsars Tagen
Was **Mancha's** Held, als ihn **Cervantes**
 schuf.
Aus eigenmächtigem Beruf
Mit Zauberern und Riesen sich zu schlagen,

Und, weil der Riesenstamm längst ausgestor-
    ben war,
Windmühlen dafür anzusehen;
Dieß, oder, so wie Du, dem Manne widerstehen
Der Rom allein zu retten fähig war,
Mich dünkt, es gleicht sich auf ein Haar.
Gut war, dieß ist gewiß, der Wille bey euch
    beiden:
Wohlthätig, tapfer, keusch, bescheiden,
Stolz ohne Übermuth, ein Feind von trägen
    Freuden,
Fromm ohne Gleißnerey, an jeder Tugend reich,
War Er, warst Du; — und wer, der Sinn
    hat, liebet euch
Von dieser Seite nicht, wünscht nicht er
    wär' euch gleich?
Und dennoch stelltet ihr, mit allem guten Willen,
Mehr Unheil an, als zwanzig Ginesillen.
Wer Tag und Nacht euch in Bewegung sah,
Bewehrt von Kopf bis zu den Füßen,
Stets wachsam, stets bald dort, bald da,
Mit eingelegtem Sper — der hätte denken
    müssen,
Wenn Ihr nicht thätet, würde bald
Die Welt zurück ins Chaos fallen.
Bekenne, Porcius, mit deinen Thaten allen,
Warst du ein Rittersmann von trau-
    riger Gestalt.
Der Widerstand, den du dem Schicksal
    thatest,

Bewies, wie wenig du von seinem Plan errathest.
Dem Helden gleich, der, auf des schwarzen Berges Höh',
Thorheiten that, um Nachruhm zu erwerben,
Gabst du dein Daseyn preis um unbesiegt zu sterben,
Und deine Tugend war — was seine Dulcinee.

11.

Hört eine Wahrheit, lieben Leute!
Nur ärgert euch, ich bitte, nicht daran.
Der Meisten Lebenslauf ist, von der schönsten Seite,
Ein kläglich Lustspiel ohne Plan,
Und ihr Verdienst oft blofs ein angenehmer Wahn.
Kaum dafs wir aus dem Traum der Kindheit aufzuwachen
Beginnen, kaum die Freude da zu seyn
Durch Überlegung uns beginnen wahr zu machen:
So wiegt die Fantasie uns zwischen Lieb' und Wein
In süfser Trunkenheit zu neuen Träumen ein.
„Von Liebesgöttern und Freuden umgeben,
Däucht dem bezauberten Jüngling die Welt

Ein ewiges Pafos, unsterblich sein Leben,
Und eine Venus — die erste, in deren Netz
    er fällt."

  Gesetzt (ein seltner Fall!) dafs seine befsre
    Jugend
Am Arm der Weisheit und der Tugend
In edlern Übungen verfliefst,
Und dafs **Homer** sein Spiel, sein Lehrer
    Plato ist:
Auch dann, im Mittagspunkt von seiner Weis-
    heit, schwärmet
Sein Kopf, warm wie sein Herz. Dem Uner-
    fahrnen däucht
Das Leben — ein System, und jede Tu-
    gend — leicht.
Athen und **Rom** ist seine Welt,
Sein Genius **Sokrates** und **Focion** sein
    Held.
O warum konnt' er nicht in ihren Tagen leben!
Wie häfslich findet er die **Gothen seiner**
    Zeit!
Doch fehlt's der Fantasie wohl an Gelegenheit
Auch **Gothen** selbst zu **Griechen** zu
    erheben?
Voll von der hohen Würdigkeit
Der Menschheit, o! wie leicht sieht er in ihren
    Söhnen
Und Töchtern überall Geschöpfe befsrer Art,

Diotima's in allen sanften Schönen,
Und einen **Epiktet** in jedem — weisen Bart!
Sein Ideal (von Bildern abgezogen,
An deren Schönheit ihm **Plutarch** und
    Xenofon
Vielleicht den dritten Theil gelogen)
Ist ihm des Schönen Maſs, — ein
    Gott Timoleon,
Und Alcibiades ein **schönes Ungeheuer;**
Der stolze Kassius **des Vaterlands Be-
freyer;**
Und nichts als ein **Tyrann** der Sieger vom
    Anton.

 So lebt er unbesorgt im **Lande der Ideen,**
Glaubt Wunder, wenn er **fantasiert,**
Wie tief er die Natur studiert,
Und bleibt so unbekannt mit dem was stets
    geschehen,
Und ist so ungewohnt was vor ihm liegt zu
    sehen,
Als hätt' ihn ein Komet zu uns herab geführt.
„Nur das, **was wirklich ist,** (wie ihn sein
    Plato lehret)
Ist unsrer Neigung werth." — Er glaubt's!
    Und doch bethöret
Ihn tausendmahl (wie kann es anders seyn
So lang' er schwärmt?) ein **falscher Augen-
schein.**

Was wollen wir? Wie soll er andre kennen?
Er sieht ja gar sich selbst durch Platons Augen an:
Beglückt vielleicht in seinem Wahn,
So gut als Täuschungen uns glücklich
machen können;
Doch stündlich in Gefahr, wenn er (wie Demo-
krit)
Vor lauter Himmel nicht die Erde vor sich
sieht,
An irgend einen Baum die Nase anzurennen.
Und wenn dieſs oft genug geschieht,
So weiſs ich nicht, wie ich den Träumer nen-
nen wollte,
Der nicht zuletzt erwachen sollte.

12.

Wohlan! er werde wach! — Wie lange? —
Nur zu bald
Läſst Göttin Thorheit ihm in anderer Gestalt
Den Zauberkelch entgegen blinken.
Wir werden nie zu weise noch zu alt,
Ihr süſses Gift mit Lust hinein zu trinken:
Unmerklich schläfert es die Weisheit wieder ein;
Wir träumen fort, und glauben wach zu seyn.

Wenn Ritter Don Quischott den besten
Platz im Himmel,
Und noch vorher in diesem Weltgetümmel

Ein hübsches Kaiserthum sich zu erfechten
 denkt;
Wenn Sancho hinter ihm, auf seinem from-
 men Schimmel,
Den Inseln, die sein Herr ihm vor der Hand
 geschenkt,
Getrost entgegen trabt; wenn Harpax, reich
 begraben
Zu werden, dürftig lebt; wenn Flox den
 Schlaf vergißt,
Um einen neuen Stern zuerst begrüßt zu haben;
Wenn in gelehrtem Staub vergraben
Sich Rufus blind an alter Mönchsschrift liest;
Marullus sein Gehirn mit Wörtern so
 belastet,
Daß selbst Homer — für ihn nur Wörter
 schreibt;
Wenn (was, auch wenn's geschieht, noch
 unwahrscheinlich bleibt)
Ein Bonz' in vollem Ernst sich zur Pagode
 fastet;
Wenn Nifus, als getreuer Hirt,
Nach siebzig Wintern noch verliebte Seufzer
 girrt;
Wenn Brutus, ein Gespenst von Freyheit zu
 erlösen,
Aus Tugend lasterhaft, zum Vatermörder wird;
Und Timon, um von allem Bösen
Auf einmahl frey zu seyn, in eine Wildniß
 irrt:

Was sind sie wohl? — Und Sie, die man uns anzupreisen
Gewohnt ist, ohne recht zu wissen was man preist,
Die ganze Zunft der Helden und der Weisen,
(Den nehm' ich höchstens aus, den Delfi weise heifst)
Der Virtuosen, und — der Reimer,
Wo sie am besten sind, was sind sie sonst als Träumer?
Traum ist der Wahn von ihrer Nützlichkeit!
Die Hoffnung Traum, als ob noch in der spät'sten Zeit
Ihr Nahm', im Reihn der Götter unsrer Erde,
Auf allen Lippen schweben werde!
Traum der Gedank', als ob ganz Paros Marmors kaum
Genug besitze, drein zu graben,
Durch welche Thaten sie die Welt verpflichtet haben!
Kurz, ihr Bemüh'n, ihr Stolz, ihr ganzes Glück — ein Traum!

BEYLAGE

zu dem vorstehenden Gedichte.

Ein schlafender Endymion, den ich einst in einer müſsigen Stunde mit Vergnügen betrachtete, brachte mir eine Stelle aus dem Cicero in den Sinn, wo dieser groſse Schriftsteller, bey Gelegenheit des Satzes, „daſs der Mensch zur Thätigkeit geboren sey," sagt: „Und wenn wir auch versichert wären, daſs wir die angenehmsten Träume von der Welt haben sollten, würden wir uns doch Endymions Schlaf nicht wünschen; im Gegentheil, der Zustand eines Menschen, dem dieſs begegnete, würde in unsern Augen um nichts besser seyn, als Tod." [1]

[1] *De Finib. L. V.* 19.

Diese Stelle führte mich zu einer Folge von Betrachtungen über den Gegenstand des berühmten Monologs in Shakspeares Hamlet, — „Seyn und Nichtseyn;" — einen Gegenstand, der dem gedankenlosen Haufen so klar und einfach vorkommt, dafs sie nicht begreifen, wie man etwas darüber sollte denken können, während der Filosof mit Schwindeln in die Tiefe desselben hinab sieht.

Es war an einem schönen Sommertage, [2] und ich befand mich eben ohne irgend etwas, das meinen Geist verhindert hätte, sich aus dem ersten besten Gegenstande, der sich ihm anbieten mochte, ein Geschäft zu machen. Ein Überrest von der Laune, welche den Neuen Amadis geboren hatte, machte meine Gedanken in Verse hinfliefsen; und so entstand das Gedicht, welchem Herr Boie einen Platz in seiner Poetischen Blumenlese auf das Jahr 1773 S. 81 einzuräumen beliebte. — Ein Gedicht, welches mehr einem Werke der Natur als der Kunst ähnlich sieht,

[2] Im Jahre 1771.

und keinen andern Plan hat, als die oft unsichtbaren Faden, wodurch freywillige Gedanken in einem Dichterkopfe zusammen hangen; aber, seiner anscheinenden Unordnung ungeachtet, ein **Ganzes**, in der kunstmäſsigen Bedeutung dieses Wortes, geworden wäre, wenn die Dazwischenkunft zufälliger Umstände dessen **Vollendung** nicht verhindert hätte.

Der Grundriſs davon ist ungefähr dieser:

„In jeder Vorstellung, die für die Seele **Empfindung** ist, ist **subjektive Wahrheit**. **Endymion** hat in seinem langen Traume die angenehmsten **Gesichte**. Es sind **Einbildungen**; aber diese Einbildungen haben für ihn die Stärke wirklicher Empfindungen: er **genieſst**, weil er zu **genieſsen glaubt**. Das Daseyn dieser angenehmen Gegenstände **auſser seinem Gehirne** — würde die Wonne dieses Genusses nicht vergröſsern. Was geht es ihn an, ob sie für andre, ob sie für sich selbst wirklich sind? Sie sind wirklich für ihn; dieſs ist ihm genug. Er ist in diesem Falle so glücklich als in jenem. — Wohl bemerkt, daſs hier der Zustand, worin er sich **vor** diesem langen Traume, wovon die Rede ist, befunden, und der Zustand, in welchen er **durchs Erwachen** versetzt werden mag, hier in keine Betrachtung kommt. — Sein Zustand während des besagten Träumens ist also vom **Tode** so verschieden, als Leben und Tod verschieden sind, und Cicero hat Unrecht.

„Unsre Seele kann auch **wachend träumen**. Der spekulative Weise — ein **Demokrit**, zum Beyspiel, der (wie Horaz sagt) sein Vieh auf seinen Äckern weiden läſst, indessen sein Geist in idealischen Welten herum wandert — oder ein Begeisterter aus einer andern Klasse, der, wenn wir andern Erdensöhne uns auf gewöhnlichern Steckenpferden erlustigen, auf einem **Cherub** in die unsichtbaren Welten hinein trottet — Leute von dieser Art gelangen oft dazu, von dem, was sie wachend träumen, von ihren Hypothesen, Vermuthungen, Wünschen, sich so stark zu überreden, als ob es **empfundene oder erwiesene Wahrheiten** wären.

Ohne es zu bemerken, oder bemerken zu wollen, däucht ihnen die Fertigkeit, womit sie sich ihre Einbildungen **anschauend denken**, für die Gewißheit derselben gut zu sagen. Was sah nicht **Poiret**, dieser scharfsinnige Vernunftkünstler, nachdem er es einmahl bis zu der muthigen Entschließung gebracht hatte, die Realität der **Gesichte einer Antoinette Bourignon** *a priori* zu beweisen? Was sind die wunderbarsten Feenmährchen gegen die erstaunlichen Träume, womit sein Buch von der **Ökonomie Gottes** angefüllt ist? Und was für ein demonstratives Ansehen hat er diesen Träumen nicht zu geben gewußt?

„Die **Seher** dieser Art finden einen wesentlichen Theil ihrer Glückseligkeit in dergleichen Träumereyen, welche für sie **Wahrheit** sind; und sie würden Ursache haben, denjenigen, die sie ihrer Gesichte berauben, sie dadurch in den Stand gemeiner unbegeisterter Menschen setzen wollten, — wie jener **Argeer** (der, in einer Art von Wahnsinn, ganz allein im Schauplatze sitzend die schönsten Tragödien zu hören glaubte) seinen

Freunden, welche ihn mit Niesewurz geheilt hatten, — statt des Dankes zuzurufen: *Pol me occidistis!*

„Doch wozu haben wir nöthig, unsre Beyspiele aus der Klasse der **ungewöhnlichen** Menschen herzuhohlen? Ist nicht das Leben der Meisten eine Kette von angenehmen oder unangenehmen sinnlichen Eindrükken und Vorstellungen? Gesetzt, es wäre aus allem, was die Sinne vergnügen und berauschen kann, zusammen gewebt, und dauerte so lange als **Nestors** Leben; wenn es vorüber ist, was ist es anders als ein verschwundener Traum?

„Von jeher fanden die Weisen, dafs es so leicht nicht sey, als viele meinen, sich zu überzeugen, dafs Alles, was einem Sterblichen unterm Monde von seiner Geburt an bis zum **Erwachen in eine andre Welt** (denn was ist der Tod anders?) begegnet, etwas mehr als ein **langer Traum** sey, in welchem die Sachen nur allzu oft wenig ordentlicher, weiser und zweckmäfsiger zugehen, als in einem Sommernachtstraum.

„Vermuthlich dachte der weise Salomo so etwas, da er sein berühmtes „**Eitelkeit der Eitelkeiten**" über alles, was unter der Sonne ist, ausrief.

„Aus diesem Grunde fand es vermuthlich **Diogenes** nicht der Mühe werth, in einem Leben, das einem Traume so ähnlich ist, sich den Kopf darüber zu zerbrechen, **wie und warum wir so und nicht anders träumen?** — 3) oder, wenn er in seiner Tonne

---

3) Die **Cyniker** — ein alter filosofischer Orden, der sich den **Diogenes** vornehmlich zum Meister und Vorbild wählte — verachteten alle Wissenschaften, die sich mit Untersuchung der Ursachen und Eigenschaften der natürlichen Dinge beschäftigen. Ob sie recht daran thaten, ist eine andere Frage — oder ist vielmehr keine Frage; es wäre denn, dafs man dem menschlichen Geschlechte für zuträglich halten wollte, wieder in die **Zeiten der goldnen Legende**, und aus diesen, mittelst eines sanften Abhangs, in den seligen Zustand der **Kamtschadalen**, **Hottentotten** und **Kalifornier** zurück zu sinken; den ersten Zustand aller Völker, aus welchem einige blofs durch die Künste und Wissenschaften heraus geführt worden sind.

gemächlich lag, sich heraus zu begeben, um bey Alexandern Gefahr zu laufen, auf Persischen Polstern übel zu liegen. Aber aus eben diesem Grunde fand Aristipp, indem er die Sache von einer andern Seite betrachtete: daſs nichts thörichter wäre, als in einem Leben, worin der künftige Augenblick so wenig in unsrer Gewalt ist, den gegenwärtigen ungebraucht oder ungenossen entschlüpfen zu lassen.

„Ein weiser Mann, sagt er, geht nicht auf die Jagd des Vergnügens aus — denn wie oft findet man gerade das Gegentheil dessen, was man sucht! — Aber ein unschädliches Vergnügen, das man — wie ein Wanderer im Vorübergehen eine Blume die an seinem Wege steht — pflücken kann, nicht zu pflücken, würde eine groſse Sünde — gegen uns selbst seyn.

„Man hat dem ehrlichen Aristipp diese Maxime übel ausgedeutet; und gleichwohl enthält sie mit Grunde nichts, als einen Gedanken, welchen Epiktet noch stärker und ernsthafter ausdrückt, da er sagt: „Es würde

Gottlosigkeit seyn, die Annehmlichkeiten, womit uns die Götter dieses mühselige Leben versüfsen wollen, zu verschmähen."

So weit spricht der Dichter der zufälligen Rhapsodie, von welcher wir hier den Entwurf geben, gleichsam mit sich selbst. Aber nun fängt er zu dialogieren an — denn, in der That, die besten Monologen schläfern ein, wenn sie zu lange währen. Er stellt sich einen Stoiker vor, der ihn behorcht hat, und über die Maxime des Aristipps, oder überhaupt über den Ton, worin der Dichter von Träumen und Leben vernünftelte, den Kopf schüttelt. Er redet ihn an:

„Du hörest, sagt er, dafs ich nicht viel dawider einwenden werde, wenn du alle Vergnügungen der Sinne und der Einbildung — wenigstens in Rücksicht auf ihren Gegenstand, auf ihre Dauer, und auf ihre Ungewifsheit — für eitel Eitelkeit erklärest. Aber, guter Seneka! wenn diefs nun einmahl das Loos der Erdenbewohner wäre: was gewännest du dabey, wenn du dich von unsern Kinderspielen absondertest, in deinem Winkel ernsthafte Grillen fingest, und nichts angenehmes fühlen, sehen, hören, schmecken und riechen wolltest, weil alles, was wir fühlen, sehen, hören, schmecken und riechen, ein **Spiel der Sinne** ist?"

Der Stoiker antwortet dem Dichter, der ihn in der Person **Aristipps** anredet, in dem hohen Tone, der diese Sekte unterscheidet. „Der **Weise,** spricht er, hat andre Dinge zu thun, als **sich zu belustigen. Lebt er etwa für sich selbst?** Was ist Vergnügen oder Schmerz für den Mann, der nichts bedarf, nichts wünschet, nichts fürchtet? der keine andern Gesetze kennt als das ewige Gesetz des **Rechts,** und unbeweglich der einzige auf seiner Seite bleibt, wenn gleich die ganze Welt zum glücklichen Laster überginge? Immerhin mag das Leben eines **Krassus,** eines **Antonius,** eines **Cäsars,** den Nahmen eines Traumes verdienen; aber das Leben eines **Kato** — ist das Leben eines Gottes!"

Natürlicher Weise kann der Dichter seinen Aristipp nicht sogleich verstummen lassen. Dieser hat noch etwas zu sagen, eh' er schweigen muſs; und es wäre unbillig, ihn mit Strohhalmen fechten zu lassen, da es ihm nicht an bessern Waffen fehlt. „Es steht bey dir, (erwiedert Aristipp) einem in deiner Fantasie erzeugten Menschen die Eigenschaften, die Selbstgenügsamkeit, die Unabhängigkeit, die immer weise, immer wohlthätige Wirksamkeit, mit Einem Worte, die ganze Gröfse des vollkommensten Wesens zu geben. Aber was nicht bey dir steht, ist, uns auf dem ganzen Erdboden einen Menschen zu zeigen, der diesem Ideal, das du den Weisen nennest, gleich wäre. Die Rede ist von Erdensöhnen, und du sprichst uns von einem Gott. Denn diefs ist der Weise, den du ohne Leidenschaften, ohne Ungleichheiten, ohne Bedürfnisse, ohne Schwachheit schilderst: er ist ein Gott, oder — ein Schwärmer, dem es träumt dafs er ein Gott sey. Dein Kato, zum Exempel —"

Bey diesem Nahmen brennt der Stoiker auf. „Wie? (ruft er) und selbst einen Kato, selbst den Helden der Tugend, verschont dein sträflicher Leichtsinn nicht?"

„Die Tugend: (antwortet jener) — diefs Wort umfafst alles, was gut, schön und grofs ist! Aber die Tugend giebt keinen Freybrief gegen das Urtheil der gesunden Vernunft; und nicht alles ist Tugend, was ihren Stempel trägt. Die Tugend ist die Göttin der **schönen Seelen**; nichts ist liebenswürdiger als sie: aber ein Schwärmer, ein Mensch, der nicht Herr von seiner Einbildung ist, kann die Tugend selbst **nicht weislich** lieben. Dein Kato, mit allen seinen grofsen Eigenschaften, war gleichwohl nur ein **Don Quischott**: er kämpfte sein ganzes Leben durch mit fantasierten Ungeheuern, wie dieser mit Riesen und bezauberten Mohren. Es ist wahr, er liebte die Tugend über alles; er blieb ihr getreu — bis sie ihn auf eine gar zu harte Probe setzte; er unternahm das Unmögliche für sie: aber seine Tugend — war eine **Dulcinee.**"

* * *

Hier wurde der Dichter unterbrochen. Andre Beschäftigungen brachten ihm dieses Spiel einiger müfsigen Stunden aus dem Sinne; und seine Rhapsodie blieb ein Fragment.

Seinem ersten Plane nach sollte es hier nicht aufgehört haben. Nicht der Stoiker sollte siegen; aber sein vorgeblicher Aristipp eben so wenig. Der Dichter wollte in seiner eigenen Person **zwischen sie** treten und Friede unter ihnen machen. Er wollte in einem lebhaften Gemählde gegen den Stoiker vorstellen, wie viel Schimären, wie viel Träumerisches selbst in dem Leben der besten Menschen ist. Aber er wollte auch in der warmen, kunstlosen Sprache der Empfindung gegen Aristippen beweisen: „Dafs die Thätigkeit des Weisen und Tugendhaften **allein** den Nahmen eines wahren Lebens verdiene; und dafs, mitten unter den angenehmen oder unangenehmen Täuschungen unsrer innern und äufsern Sinne, **die Vervollkommnung unser selbst, und die Bestrebung, alles Gute aufser uns zu befördern**, unserm Daseyn Wahrheit, Würde, und innerlichen Werth mittheilen, und ein Leben, welches ohne sie der Zustand einer sich einspinnenden Raupe wäre, zu einer Vorübung auf eine bessere Zukunft, zu einem wirklichen Fortschritt auf der langwierigen, aber herrlichen Laufbahn machen, auf welcher die Geister einem Ziele, das sie nie erreichen können, sich ewig zu nahen bestimmt sind."

* * *

Dieses unvollendete Gedicht, wovon bisher die Rede gewesen ist, sollte, der Absicht des Dichters nach, entweder vollendet werden, oder, wenn es Bruchstück bliebe, unter zwanzig andern verunglückten Geschöpfen der Laune, unvermerkt vermodern. Aber sein Schicksal wollte es anders. Der ehemahlige Herausgeber des Göttingischen Musenalmanachs ersuchte ihn, mit einer so verbindlichen Art, um einen kleinen Beytrag zu seiner Blumenlese für das Jahr 1773, daſs es unserm Dichter um so weniger möglich war, ihn mit Entschuldigungen abzuspeisen, da viele freundschaftliche Dienste, wodurch Herr B. ihn verpflichtet hatte, der Verweigerung einer so geringen Gefälligkeit einen Schein von Unerkenntlichkeit zu geben schienen. Gleichwohl fand sich unter seinen Papieren nichts, als dieſs nehmliche Bruchstück, was im Nothfall den Mangel eines vollendeten Stückes einiger Maſsen ersetzen konnte. Er schickte es ihm also zu, mehr zum Zeichen seines guten Willens, als in der Meinung, daſs es eines Platzes in einer Sammlung, die mit den Nahmen unsrer besten Dichter prangt, würdig sey. Ein freundschaftliches Vorurtheil hieſs den Herrn B. anders denken, und so wurde dieses Fragment der Welt bekannt.

Was sich der Verfasser von dem Urtheile, das manche darüber fällen würden, zum voraus vorgestellt hatte, traf nun ein. Er vermuthete, daſs die wackern Leute, die ihn (damahls wenigstens) nicht verstehen konnten oder wollten, auch dieſsmahl nicht errathen würden, was er mit diesen zufälligen Gedanken über einen schlafenden Endymion beabsichtigt haben könne. Und so erfolgte es. Man fand **sehr ärgerlich**, daſs er von **Aristipp** in einem Tone, der wenigstens keine deutliche Miſsbilligung merken läſst, gesagt hatte:

Und eine Lust in Unschuld, die ein Mann,
Wie einen Schmetterling, geschwinde
In seinem Wege haschen kann,
Nicht haschen, hielt der weise Mann
Für eine Sünde.

Aber noch ärgerlicher fand man, daſs er sich nicht gescheuet hatte, eine höchst anstöſsige Vergleichung zwischen dem Tugendhelden **Kato**, und dem irrenden Ritter **Don Quischott von Mancha**, anzustellen, ja die Tugend des erstern gar für eine bloſse **Dulcinee** auszugeben. „Dieſs ist entsetzlich! sagte jemand, dessen Nahmen wir aus billiger Schonung verschweigen: **Dulcinee**, so zärtlich und inbrünstig sie auch von dem Ritter von Mancha geliebt wurde, war im Grunde doch weder mehr noch weniger, als eine **Schimäre**. Wenn also **Kato's** Tugend eine **Dulcinee** war, so war sie ein bloſses Hirngespenst. Welche Lästerung!" — Gleichwohl hat es eine Menge gelehrter Männer, ja sogar **heilige** Kirchenväter gegeben, welche mit Kato's Tugenden noch weit unfreundlicher umgegangen sind. Eine Schimäre ist, nach der Erklärung der **Gräfin Orsina**, ein Ding, das kein Ding ist; und ein Ding, das kein Ding ist, (sagt eben diese kluge Dame) ist so viel als gar nichts. Nun frage ich alle ehrlichen Leute, ob es ihnen nicht auch so zu Muthe sey, wie dem guten **Plutarch**, der irgendwo sagt: „Ich würde mich weit weniger beleidigt halten, wenn man von mir sagte: es giebt keinen Plutarch, es ist nie ein solcher Mann wie Plutarch gewesen, Plutarch ist eine Schimäre; als wenn man sagte: Plutarch ist ein hoffärtiger, ungerechter, neidischer, hartherziger, boshafter Mann." — Gesetzt nun auch, der Dichter hätte Kato's Tugend eine Schimäre genannt: was wäre dieß gegen das, was der heilige Augustinus gethan hat, da er die Tugenden Kato's und aller andern weisen und guten Heiden geradezu für Laster ausgiebt? Wer vergreift sich wohl mehr an Kato's Tugend, derjenige, der sie für eine Dulcinee hält, oder die unendliche Menge von Theologen, die den guten Mann zusammt seiner Tugend — in die Hölle geworfen haben? Wenn der Dichter dieß letztere gethan hätte, hätte er nicht die ehrwürdigsten Autoritäten, und eine unendlich überwiegende Mehrheit der Stimmen auf seiner Seite? Aber er hat nie einen solchen Gedanken gehabt. Er ist ein gutherziger Mensch, der gern lebt und leben läßt; aber, wie Plato, es den Poeten ein wenig übel nimmt, wenn sie dem Vater der Natur ungerechte und seiner unwürdige Dinge nachsagen.

Er hat Kato's Tugend nicht einmahl für eine
Schimäre ausgegeben, wiewohl er sie eine
Dulcinee genannt hat. Sollte der ungenannt bleibende Jemand nicht aus der Geschichte des Ritters von Mancha gewufst haben,
dafs Dulcinee keine Schimäre, sondern ein
hübsches Bauermädchen von Toboso war,
Alonza Lorenzo genannt, welche dadurch
nichts von ihrer Wirklichkeit, Personalität,
auch übrigen Eigenschaften und jungfräulichen Ehren verlor, dafs der Ritter sie in seiner Einbildung zu einer Prinzessin von
Toboso und zur Dame seiner Gedanken erhob?
Und hier liegt eigentlich der Vergleichungspunkt, welchen der Ungenannte zu übersehen beliebte. Der Dichter, indem er von
Kato sagt — und deine Tugend war
nur eine Dulcinee — sagt weiter nichts
als diefs: Kato liebte die Tugend, wie Don
Quischott die schöne Alonza Lorenzo liebte.
Beiden war es vollkommener Ernst damit.
Aber in beider Köpfen stand es nicht so ganz
richtig. Don Quischott erhob das Bauermädchen Alonza Lorenzo in seiner Einbildung zu
einem Ideal der Schönheit und weiblichen
Vollkommenheit; und von diesem Augenblick

an war sie für ihn nicht mehr Alonza Lorenzo, sondern die Prinzessin Dulcinea von Toboso. Kato machte sich ein Ideal von der politischen Tugend, welches nicht die Tugend eines weisen Staatsmannes, sondern die Tugend eines politischen Schwärmers war; und eben dadurch hörte sie auf, echte Tugend zu seyn, und wurde für ihn eben das, was Dulcinee für den Ritter von Mancha. Die Tugend konnte nichts dafür, daſs Kato sich übertriebene Begriffe von ihr machte: so wie Alonza Lorenzo nichts dafür konnte und sich wenig darum bekümmerte, daſs Don Quischott sie zu einer Dulcinee erhob. Diese war darum nicht weniger Alonza Lorenzo, jene nicht weniger Tugend; und der Ungenannte gab sich also eine sehr undankbare Mühe, da er dem Dichter in einer langen gereimten Epistel, aus Gründen die keinem Schulknaben unbekannt sind, bewies, die Tugend sey keine Schimäre. Davon war ja gar die Rede nicht; und der müſste wohl ein übel organisierter, unglücklicher Mensch seyn, der eines solchen Beweises vonnöthen hätte. Ob die Tugend eine Dulcinee sey, kann unter vernünftigen Leuten niemahls eine

Frage seyn. Aber ob **Kato's Tugend** eine Dulcinee war, darüber läfst sich wenigstens reden; und wer es behauptete, wäre darum noch lange kein Mensch, gegen welchen man das Kreuz predigen müfste.

Es lassen sich zwar ganz gute Gründe angeben, warum **Esprit**, **Mandevill**, und andre, welche ganze Bücher über die **Falschheit der menschlichen Tugenden** geschrieben, der Tugend eben nicht den wichtigsten Dienst dadurch geleistet haben. Denn **Montaigne** hat sehr Recht, da er sagt: „Man gebe mir die allerschönste und reinste Handlung, und es müfste mir übel fehlen, wenn ich nicht ganz wahrscheinlich funfzig schlimme oder unlautere Beweggründe dazu finden wollte." — Aber wer sich darum ein Bedenken machen wollte, die Tugend eines **Dion**, **Kato**, **Seneka**, **Julian**, oder irgend eines andern Sterblichen, den man uns für ein **Muster** giebt, zu prüfen, um das Echte von den Schlacken, das Übertriebene von dem Wahren darin abzusondern, würde dem abergläubischen Andächtler gleichen, der, aus Furcht zu wenig zu glauben, dem Gebrauch seiner Vernunft entsagte, und lieber Gefahr laufen wollte, die ungereimtesten Mährchen für Wahrheit anzunehmen, als zu untersuchen, ob der Gegenstand seines Vorurtheils die Hochachtung auch wirklich verdiene, die er auf Hörensagen demselben gewidmet hatte.

Überhaupt scheint der Ungenannte sehr übel zu finden, daſs man sich die Freyheit genommen, einen so ehrwürdigen Mann, wie Kato, mit einem so groſsen Narren, wie Don Quischott, zu vergleichen. Vermuthlich gehört er unter die weisen Männerchen, welche ihre Zeit übel anzuwenden glaubten, wenn sie ein Buch, das ihnen nur zum Zeitvertreib gemacht zu seyn scheint, mit Aufmerksamkeit lesen sollten. Gleichwohl sind wenig Bücher in der Welt, welche ernsthafter gelesen und öfter wieder gelesen zu werden verdienten, als Don Quischott; ja, wir erdreisten uns zu behaupten, daſs ein Professor, der dazu angestellt würde, öffentliche Vorlesungen über den Don Quischott zu halten, wofern der Angestellte anders der Mann dazu wäre, der studierenden Jugend und dem gemeinen Wesen ungleich nützlicher seyn würde, als ein Pro-

fessor des Aristotelischen Organons.
Hätte der Ungenannte das Buch des weisen
Cervantes gelesen wie man lesen soll, so
würde er vermuthlich klug genug daraus geworden seyn, um sich über eine Vergleichung
zwischen Kato und Don Quischott nicht zu
ärgern. Es ist immer noch eine Frage, ob
Kato oder der Held von Mancha mehr dabey
zu verlieren hat. Don Quischott war freylich
ein Narr — was den Punkt der irrenden Ritterschaft anbetraf; aber, dieser Narrheit ungeachtet, ein so edelmüthiger, frommer und
tugendhafter Mann, als irgend eine wahre Geschichte einen aufzuweisen hat. Es würde
sehr überflüssig seyn, den Beweis hiervon führen zu wollen. Seine ganze Geschichte, von
Anfang bis zu Ende, enthält diesen Beweis.
Er hatte sich den erhabensten Begriff von dem
Karakter und den Pflichten eines irrenden
Ritters aus allem, was man jemahls edel, gut
und lobenswürdig genannt hat, zusammen
gesetzt; und er war, seiner Absicht und den
Gesinnungen des Herzens nach, der Mann
wirklich, der er zu seyn wünschte. Daſs die
äuſsern Gegenstände seinen Vorstellungen
nicht immer entsprachen, daſs der Ausgang

seine edelsten und wohlthätigsten Absichten so oft zu Schanden machte, war seine Schuld nicht. Was konnte Er dafür, als er mit so viel Grofsmuth und Unerschrockenheit dem guten König Pentapolin mit dem aufgeschürzten Arm gegen den mächtigen Kaiser Alifanfaron, Herrn der Insel Taprobana, und gegen den Riesen Brandabarbaran, Herrn der drey Arabien, zu Hülfe kam, und eine so grofse Niederlage unter dem zahlreichen Heere der Ungläubigen verursachte, was konnte Er dafür, dafs am Ende das, was er für zwey furchtbare Kriegsheere angesehen hatte, zwey Herden Schafe waren? Und als er den wackern Ritter Don Gaiferos und die schöne Melisandra mit so vielem Eifer gegen die Mauren beschützte, hatte er darum weniger Recht, sich mit dem Bewufstseyn, eine tapfere und wohlthätige That gethan zu haben, über die Bosheit der Zauberer, seiner Feinde, zu beruhigen, weil sichs beym Ausgang zeigte, dafs Don Gaiferos, die schöne Melisandra, der König Marsilius und alle seine Mauren — blofse Marionetten waren? Freylich sind wir andern, welche diefs schon vorher wufsten, nicht zu verdenken, wenn wir die Achseln zücken, da er, nachdem er die Ungläubigen in die Flucht gejagt und einen der edelsten Ritter von Karls des Grofsen Hofe so glücklich befreyt zu haben glaubt, mit dem Triumfe der süfsesten Selbstzufriedenheit ausruft: „Nun möcht' ich doch gleich alle diejenigen vor mir haben, welche nicht glauben wollen, wie nützlich der Welt die irrenden Ritter sind! Man sehe mir einmahl, was aus Don Gaiferos und der schönen Melisandra ohne mich geworden wäre? Es lebe die irrende Ritterschaft, trotz ihren Neidern, und dem Unglauben derjenigen, welche nicht Muth genug haben sich einem so gefahrvollen Stande zu widmen! u. s. w. —" Allein dem ungeachtet ging in der Seele des guten Ritters eben dasselbe vor, was in ihr hätte vorgehen können, wenn der wirkliche Don Gaiferos und die wirkliche Melisandra seines Armes vonnöthen gehabt hätten; und er hatte — da er von Meister Petern, dem Eigenthümer des Marionettenspiels, aus seinem ekstatischen Gemüthszustande zurück gebracht wurde — vollkommen Recht, sich mit dem Gedanken zu trösten: „Dafs er bey der ganzen Sache keine andere Absicht gehabt, als die Pflichten seines

Standes zu erfüllen. Entspricht der Erfolg meiner Absicht nicht, setzt er hinzu, so ist es nicht meine, sondern der verfluchten Zauberer Schuld, die mich aufs äufserste verfolgen."

Alles dieſs beweist wenigstens so viel, daſs die **Vergleichung**, welche den Ungenannten so sehr erhitzte, daſs er in seinem Unwillen eine ganze Epistel voll platter Verse gegen den armen Dichter aufs Papier schüttete, — dem Herzen und der Tugend des groſsen Kato keine Schande macht.

„Aber Don Quischott war doch ein Narr, (sagt man) ein Narr, der in einen Käficht eingesperrt zu werden verdiente?" — Gut! und nun fragt sichs, ob der groſse Kato, da er in dem äuſserst verdorbenen, gesetzlosen, und einer neuen monarchischen Verfaſsung schlechterdings bedürftigen Rom die Rolle seines **Urgroſsvaters** spielte, und durch eine moralisch unmögliche Wiederherstellung jener Sitten, die ehmahls das arme Rom groſs gemacht hatten, dem verzweifelt bösen Zustande des zu einer ungeheuern Gröſse aufgeschwollenen Roms abhelfen wollte, — ob er da was weiseres und schicklicheres unternommen habe, als Don Quischott, da er unternahm, den in Verfall gerathenen Stand der irrenden Ritterschaft (einen Stand, der in den Zeiten der Kreuzzüge wohlthätig und gewisser Maſsen unentbehrlich gewesen war) in den Zeiten Filipps des Dritten wieder herzustellen?

Alles würde wohl bey Beantwortung dieser Frage darauf ankommen, ob und in wie fern die Umstände, unter welchen Kato die Sitten und Grundsätze des **hölzernen Roms** in dem **marmornen Rom** wieder herstellen wollte, sich gegen seine Unternehmung eben so verhielten, wie sich zu Don Quischotts Zeiten die Verfassung Spaniens gegen das Unternehmen dieses tapfern und wohl meinenden Junkers verhielt? — Eine Frage, die durch die Geschichte beider Zeiten beantwortet wird, welche schwerlich irgend einem Unbefangenen den mindesten Zweifel übrig lassen kann, ob Cicero Recht gehabt habe von seinem Freunde Kato zu sagen: er füge mit dem besten Willen und Herzen der Republik zuweilen Schaden zu, weil er bey manchen wichtigen Gelegenheiten im Senat wie in Platons Republik, nicht wie *in Romuli faece* (in den Hefen der alten Zeiten Roms) spreche.

Doch genug zur Vertheidigung eines unvollendeten Gedichtes, dem wir, damit es auch in seiner jetzigen Gestalt für ein Ganzes gelten könne, die Überschrift, Das Leben ein Traum, gegeben haben: damit der Leser sogleich auf den rechten Gesichtspunkt gestellt werde, und nicht mehr davon erwarte, als was man von einer poetischen Rhapsodie über einen Satz, der in demselben Sinne, worin ihn unser Dichter nimmt, seit undenklichen Zeiten von einer Menge weiser Männer behauptet worden ist, billiger Weise erwarten kann.

BRUCHSTÜCKE VON PSYCHE

EINEM UNVOLLENDET GEBLIEBENEN ALLEGORISCHEN GEDICHTE.

---

1 7 6 7.

VORBERICHT.

Die bekannte Milesische Fabel von Amor und Psyche aus dem goldnen Esel des Apulejus, die schon in den frühesten Jahren unsers Dichters mit einem ganz eigenen Zauber auf seine Seele gewirkt hatte, bildete sich nach und nach in seiner Fantasie zu einem idealischen Traumgesicht einer Art von allegorischer Naturgeschichte der Seele, mit dessen Ausbildung er viele Jahre lang umging, ohne zu dieser besonderen feinen Stimmung des Gemüths und dieser äuſseren Ruhe und Muſse gelangen zu können, welche ihm zur Ausführung und wirklichen Darstellung des ihm vorschwebenden Ideals nothwendige Bedingungen zu seyn schienen. Die Idee dieser Psyche verfolgte ihn, so zu sagen, wie das Gespenst einer lieben Abgeschiedenen, das dem Geliebten mit offnen Armen entgegen schwebt, aber so bald er es zu umfangen glaubt, zwischen seinen Armen in Luft zerflossen ist. Vermuthlich lag es auch an den Hindernissen, welche die verschiedenen Lagen des Dichters in dem ganzen Zeitraume zwischen den Jahren 1758 und 75 der Ausarbeitung eines so zart gesponnenen psychologischen Feenmährchens entgegen setzten, daſs er sogar über die Art der Einkleidung und den Hauptton, der durch das ganze Gemählde herrschen sollte, nie mit sich einig werden konnte.

Endlich brachte ihn ein zufälliges Zusammentreffen von Ideen auf den Einfall, diese Geschichte der Psyche einer liebenswürdigen und zur feinsten Art von Schwärmerey aufgelegten Priesterin, von einem — Platonischen Liebhaber in einer Reihe schöner Sommernächte erzählen zu lassen. Glücklicher Weise bot sich ihm hierzu die (aus dem Plutarch bekannte) zweyte Aspasia an, die aus einer Geliebten des jüngern Cyrus, nach dem tragischen Tode dieses Prinzen, Oberpriesterin der Diana zu Ekbatana geworden war. Zum Erzähler machte er einen schönen jungen Magier aus Zoroasters Schule; und, da ihm diese Form der Erzählung unter allen andern, die sich nach und nach dargestellt hatten, die schicklichste zu seyn däuchte, um alle Zwecke zu vereinigen, die er bey diesem poetischen Werke beabsichtigte: so beschloſs er keine andere zu suchen, und machte sich an einigen heitern und geschäftfreyen Tagen, die ihm im Jahre 1767 zu Theil wurden, an die Ausführung.

Diese Spiele mit seiner Muse waren ihm in seiner damahligen Lage, im eigentlichen Verstande, *curarum dulce lenimen;* und wenn es allgemein wahr wäre, daſs verstohlner Weise erzeugte Kinder schöner und geistreicher wären als andre, so müſsten seine in der Kanzley der Reichsstadt Biberach entstandenen Gedichte nicht geringe Vorzüge vor den übrigen haben.

Aber das angefangene Werk war von einem zu groſsen Umfange, — die günstigen Stunden, die er dazu stehlen mußte, zu selten — und, die Wahrheit zu sagen, das Gefühl der Geisteskraft, die zu dessen Ausführung erfordert wurde, nicht stark und anhaltend genug, als daß er die Lust fortzufahren nicht ziemlich bald verloren hätte. Er vertröstete sich selbst mehrere Jahre durch auf gelegnere Zeiten: aber sie kamen nicht; andere Plane, andere Arbeiten bemächtigten sich seiner Einbildungskraft; ein Theil des Stoffes, woraus jenes Werk hätte gewebt werden sollen, wurde nach und nach im Idris, im Neuen Amadis und in den Grazien verarbeitet; aus einem andern Theil entstand die Erzählung Aspasia, und von dem, was das erste, zweyte, dritte und vierte Buch von Psyche ausgemacht haben sollte, erhielten sich bloß die

Bruchstücke, welche theils in der Vorrede zur ersten Ausgabe der Musarion, theils als Anhang zur ersten Ausgabe der Grazien (1770) theils im Deutschen Merkur (May 1774) bereits abgedruckt worden sind, und damahls eine so günstige Aufnahme gefunden haben, daſs sie hoffentlich des wenigen Raums, den sie in gegenwärtiger Sammlung einnehmen, auch itzt nicht ganz unwürdig scheinen werden.

BRUCHSTÜCKE VON PSYCHE.

I.

Die folgenden Verse sind aus einer Art von Eingang übrig geblieben, der zu einer im Grunde sehr unnöthigen, aber damahls vielleicht nicht ganz unzeitigen Schutzrede für die Gattung von Gedichten, unter welche diese Psyche gehören sollte, bestimmt war.

Man weiſs, daſs Pilpai, Trismegist,
Und Plato selbst sich oft herab gelassen,
Was von der Geisterwelt zu sagen räth-
           lich ist,
In eine Art von Mährchen zu verfassen,
Wobey, wie blau sie auch dem ersten An-
           blick sind,
Der beste Kopf zum Denken Stoff gewinnt.
Man pflegt' in jenen Kindheitstagen

Der Welt die Weisheit stets in Bildern vorzu-
    tragen;
Und klüglich, wie uns däucht; denn unge-
    brochnes Licht
Taugt ganz gewiſs für blöde Augen nicht.
Die Wahrheit läſst sich nur Adepten
Gewandlos sehn, und manches schwache Haupt,
Das ungestraft sie anzugaffen glaubt,
Erfährt das Loos der alten Nymfolepten, ¹)
Und läſst für einen Augenblick
Zweydeut'ger Lust sein Biſschen Witz zurück.
Ein Schleier, wie der Morgenländer
Um seine Dame zieht, nicht eben siebenfach,
Doch auch so gläsern nicht wie Koische
    Gewänder, ²)
Verhütet sehr bequem dergleichen Ungemach.
Liebhaber die Geschmack mit Witz verbinden,
Gewinnen noch dabey. Sie finden
In einem Putz, der weder schwimmt noch
    preſst,
Viel Schönes sehn doch mehr errathen läſst,

1) **Nymfolepten.** So hieſsen bey den Griechen eine Art von Wahnwitzigen, von welchen man
glaubte, daſs sie von dem unversehenen Anblick einer
Nymfe den Verstand verloren hätten.

2) Eine sehr feine Art von Flor, die auf der
Insel Kos verfertigt wurde.

Die Wahrheit, just wie andre Schönen,
Nur desto reitzender. Gemeinern Erdensöhnen
Gefällt doch wenigstens die feine Stickerey,
Der reiche Stoff, der Farben Spiel und Leben;
Sie würden um den Putz die Dame selber
geben;
Und was verlören sie dabey?

II.

Alkahest, der junge Magier, der die schöne Oberpriesterin Aspasia mit dem Mährchen von Psyche unterhalten sollte, beginnt seine Erzählung mit einer Schilderung der goldnen Zeit, die in dem ersten Buche der Grazien einen schicklichen Platz gefunden hat. Und nun fährt die Erzählung des Dichters folgender Maſsen fort:

Hier kommt', mit Recht, ein unaufhaltbar's Gähnen
Die aufmerksame Freundin an;
Sie weist dem jungen Mann die schönste Reih'
  von Zähnen
Im schönsten Munde, der sich jemahls aufge-
  than:
„Und Psyche — gähnt sie aus — war
  damahls schon geboren?"

Sie zupfen mich zu rechter Zeit, Madam,
(Spricht Alkahest) ein wenig bey den
  Ohren;
Ich weiſs nicht wie ich da ins Fantasieren
  kam:

Und Psyche — In der That, der Faden ist ver-
    loren —
Wir müssen schon zurück! — In dieser gold-
    nen Zeit
Wovon die Rede war — Die Wendung, ich
    gestehe,
Ist etwas rasch, allein der Umweg war zu weit.
Das beste scheint mir itzt, ich gehe
Den nächsten Weg zurück in meine Bahn,
Und fange — bey dem Anfang an.

  In jenen goldnen Tagen dann,
Wo? gilt uns gleich, lebt' eine junge Dirne,
Das angenehmste Ding, das man
Mit einem Schäferstab und Rosen um die Stirne
Sich denken mag. Ihr Ursprung, unbekannt;
Es ward davon verschiedentlich gesprochen:
Doch weil man sie an einer Hecke fand,
Gab der gemeine Wahn, von ihrem Reitz
    bestochen,
Ihr **Dschinnistan** [1] zum Vaterland;
Denn ihre Wärterin gestand,
Die Windeln hätten nach Ambrosia gerochen.
Wie dem auch sey, genug aus **Leda's Ey**
War nichts so liebliches wie **Psyche** ausge-
    krochen.

[1] Das Feenland der Persischen und Arabischen Dichter.

Sie schien beym ersten Blick die reitzendste
  Kopey
Von einem Urbild aus dem Lande der Ideen;
Ganz Seele, ganz Gefühl, oft bis zur Schwär-
  merey,
Und dann, die Wahrheit zu gestehen,
Geneigt im Rausch der süfsen Raserey
Den ersten jungen Faun für — Amorn
  anzusehen,
Auch ihren Neigungen nicht immer sehr getreu;
Gefällig sonst und bildsam, leicht zu leiten,
Oft gar zu leicht, wiewohl zu andern Zeiten
Voll Eigensinn, von Launen selten frey,
Und sinnreich, sich aus einer Kinderey
Bald Stoff zur Lust und bald zur Unlust zu
  bereiten;
Der Ruhe hold, und doch nie ruhig; arbeitscheu,
Doch unermüdet zum Vergnügen;
Leichtgläubig allem was ihr neu
Und unbegreiflich schien, und, wenn ihr Herz
  dabey
Gewann, ein wenig rasch sich selber zu be-
  trügen;
Doch ohne dafs das gute Herz dabey
An Arges dachte; frank und frey
Von Arglist und von Schadenfreude,
Der Schwermuth herzlich gram so wie der
  Gleifsnerey;
Kurz, gar ein gutes Kind, das seine Augen-
  weide

An Andrer Wonne sah, und wenn sie selbst der Freude
Sich überließ, in ihrer Fantasey
Rings um sich her gleich alles glücklich machte,
Fest überzeugt, und sehr vergnügt dabey,
Daß eine Welt, worin ihr alles lachte,
Die beste aller Welten sey.

   So war sie, da sie aus den Händen
Der Mutter Isis kam; noch ungebildet zwar,
Doch voller Stoff. Sie auszubilden war
Der Musen Amt, sie zu vollenden
Der Grazien — Was fehlt zur Göttin ihr?
Der Götter Glück. Auch dieß ihr zuzuwenden,
Gebührt allein, o Gott der Liebe, Dir!

———

III.

Psyche befand sich, unmittelbar vor dem Augenblicke, da dieses Fragment anfängt, in der Gemüthsstimmung, für einen **jungen Hirten**, mit welchem sie erzogen worden war, etwas zu empfinden, das mehr den Nahmen einer Anlage zur Zärtlichkeit als einer leidenschaftlichen Liebe verdiente.

So zärtlich fühlte sich ihr junges Herz noch nie.
Aus Neugier halb und halb aus Sympathie
Zieht sie die Hand, die er ergreift, zurücke,
So reitzend **ungewiſs**, daſs **Er** an seinem
    Glücke
Nicht zweifeln kann. Doch, wie er, hoch
    entzückt,
Die schöne Hand — noch nicht an seine Lip-
    pen drückt,
Nur eben drücken **will** — in diesem Augen-
    blicke
Wird Psyche schnell empor gerückt,
Und durch die Luft, verfolgt von seinen
    Klagen,
Wie leichter Flaum von Zefyr fortgetragen.

Mit diesen Versen schloß sich das z w e y t e
Buch, und was nun folget, machte einen Theil
des d r i t t e n aus.

* * *

Wo bin ich? Welch ein Ort? Wer brachte
    mich hierher?
Rief P s y c h e, da sie sich, als wie von unge-
    fähr,
Auf weichem Moos, beschneyt mit Rosenblät-
    tern
Und mit Schasmin, an eine Myrtenwand
Gelehnt, an einem Ort, der würdig schien von
    Göttern
Bewohnt zu seyn, auf einmahl wieder fand.

Sie dreht mit zweifelhaften Blicken
Sich schüchtern um, und fragt sich ob sie
    wacht?
„Träumt' ich bisher? — Vor wenig Augen-
    blicken,
Wo w a r ich da? — Nicht hier! — In Hir-
    tentracht
Schien mir die Hand ein Liebesgott zu drücken.
Es war ein Traum! — Und doch — Nein, nein,
Es kann kein Traum gewesen seyn!
Er lauscht gewiß in diesen Myrten."

Sie sucht, und findet weder Hirten
Noch Liebesgott; ganz einsam ist der Hain,
Nur zärtlich girrende verliebte Turteltauben
Bewohnen ihn, und fliehen nicht vor ihr.

Ihr Wunder steigt und ihre Neubegier
Mit jedem Blick. Was soll sie glauben?
„Wie? ruft sie, war ich nicht kaum eine Schä-
    ferin?
War's nur ein Traum aus dem ich itzt
    erwachte?
Das fühl' ich doch, je mehr ich mich betrachte,
Daſs ich noch stets die kleine Psyche bin!"

Und dennoch eilet sie zu einer Quelle hin,
Die im Gebüsch ihr Murmeln sichtbar machte.
Ihr erster Blick erkennt die reitzende Gestalt,
Mit welchem innigen Entzücken!
Sie streckt die Arme aus, mit liebevollen
    Blicken
Die schöne Brust, die ihr entgegen wallt,
An ihr aufwallend Herz zu drücken.
Zo zärtlich liebten sich zwey schöne Schwes-
    tern nie.
Sey immerhin der junge Hirt verschwunden!
Verschwunden war er flugs aus ihrer Fantasie
Und alle Welt mit ihm, so bald sie — sich
    gefunden.

Noch schwebt sie über dem bezaubernden Gesicht,
Als eine Stimme sie in dieser Wonne störet:
Musik war jeder Ton; sie schaut empor und höret,
Doch wen sie höre, sieht sie nicht.

„Kann Psyche noch mit ihrem Schatten spielen,
Sie, die der schönste Gott zum Liebling sich erkiest?
O wüſste sie wie schön er ist,
Wie würde sie zu ihm sich hingerissen fühlen!
Sie, die der schönste Gott zu seiner Braut erkiest,
Sie fühlte sich zu groſs mit Puppen noch zu spielen."

So sang die Stimm' und schwieg. Das Mädchen schaut empor
Und um sich her, sieht niemand, lauscht betroffen
Dem Wohlklang nach, der im entzückten Ohr
Noch wiedertönt. — „Wer heiſst so stolz mich hoffen?
Hört' ich auch recht? Ein Gott, der liebte mich?
Der schönste Gott? — Warum verbärg' er sich?"

„Dein Aug' ist noch zu schwach sein An-
    schaun zu ertragen,
(Versetzt die Stimm') obschon gewohnt dich
    selbst zu sehn;
Du würdest, Psyche, vor Behagen
Und Wonne, sollt' er dir erscheinen, gleich
    vergehn."

Auf die Gefahr, denkt Psyche, wollt' ichs
    wagen,
Und lächelt mädchenhaft ihr Bild im Was-
    ser an.
Sie möchte gern noch diefs und jenes fragen,
Allein die Stimme schweigt. Auch Sie ver-
    stummt' und sann
Der Wunderstimme nach und dieser neuen
    Liebe.

„Mich liebt ein Gott! So war es seine
    Macht
Was mich hieher in einem Wink gebracht?
Der schönste Gott? — Gewifs der Gott der
    Liebe!
Gewifs er selbst! Noch nie gefühlte Triebe
Und süfse Schauer sagen mir,
Sein Hain sey diefs! Wer anders herrschte
    hier?
O, die ihr euch in diesen Myrten gattet,
Ihr Täubchen, leitet meinen Fufs

Zur Laube hin, die ihn umschattet,
O zeigt ihn mir, und Psychens erster Kuſs
Sey euer Lohn!"

   Dionens Vögel rühret
Der süſse Lohn. Sie wird auf einem Blumen-
    pfad
In lieblich irrenden Gebüschen fortgeführet,
Und nahet unvermerkt dem angenehmsten Bad.

  Ah! welch ein Anblick! — Rosenhecken,
Mit Efeu unterwebt, verhüllen und entdecken
Zugleich das Lieblichste, was Augen jemahls
   sahn.
Darf sie der Götterscene nahn?
Sie darf. Ein Zefyr schwebt voran
Und zieht den Vorhang weg. O göttliches
    Vergnügen!
Auf Blumen, welche, leicht wie Geist
Und hell wie Luft, ein sanfter Quell befleuſst,
Sieht sie die Huldgöttinnen liegen.
Wie schön gruppiert! Wie reitzend schwes-
   terlich!
Zum Spiel beschäftigt, Blumenketten
Um lose kleine Amoretten
Zu winden, welche schmeichelnd sich
Um jeden runden Arm und weiſsen Nacken
   schmiegen,

Hier schlau versteckt aus schwarzen Locken
lächeln,
Dort sich auf Lilienbusen wiegen,
Und ihre rege Gluth mit goldnen Schwingen
fächeln.

Ein Mahler möcht' ich seyn, wie dieser Augenblick
Auf Psychen wirkte auszudrücken!
Diefs süfse Schaudern, diefs Entzücken
Gemahlt von Guido — welch ein Stück
Die Dresdner Gallerie zu schmücken!
Doch dazu wählt' ich mir den schönern Augenblick,
Da sie, entdeckt vom ganzen kleinen Schwarme
Der Götterchen, den Grazien in die Arme
Getragen wird, und (was ihr süfses Staunen
mehrt)
Sich Schwesterchen, sich Psyche nennen hört,
An jeden holden Mund, an jede Brust gedrückt,
Der Zärtlichkeit, wovon ihr Herz erstickt,
Sich überlassen darf, und küssend und geküfst
Vernimmt, dafs alles hier um ihrentwillen
ist.

Indem sie unter so viel Freuden
Sich selbst vergifst, erhascht die kleine Schaar
Den Augenblick, der ihnen günstig war
Zur Grazie sie umzukleiden.

In einem Wink steht sie gewandlos da,
Beschämt den losen Blick der Götterchen zu
                weiden,
Zu denen sie des Streichs sich nicht versah.
Sie schmiegt, um ihnen zu entrinnen,
In Pasitheens Brust ihr glühendes Gesicht;
Die kleine Blöde wuſste nicht
Wie viel die Grazien selbst bey dieser Tracht
                gewinnen.
Ein lieblich Mittelding von Ideal
Und von Natur, auch zwischen Huldgöttinnen
Noch reitzend, steht sie da, der Wahl
Des schönsten Gottes werth, der, hoch aus
                Rosenlüften
Auf einen Zefyr hingebückt
Im Geiste sie an seinen Busen drückt.

Und nun, da Amfitritens Grüften
Apollons goldner Wagen naht,
Entsteigen sie dem kühlen Bad.
Schon wallet von den weiſsen Hüften,
Wie Silberduft, Sokratisches Gewand ¹)
Zum schönen Knöchel reitzend nieder,
Und Psychen flicht Aglajens eigne Hand

---

¹) Anspielung auf die bekleideten Grazien, welche Sokrates in seiner Jugend aus Marmor gebildet haben soll.

Die Rosen ein, die Amors kleine Brüder
Für sie gepflückt. In einem Myrtensahl
Folgt itzt dem Bad ein leichtes Göttermahl
Von Fröhlichkeit und süfsem Scherz gewürzet,
Dem Mahl ein Lied, dem Lied ein Grazientanz;
Sie tanzen nymfenhaft geschürzet
Auf kurzem Gras, bey Lunens Silberglanz,
Indefs geschäft'ge Amoretten
Für Amors Braut ein sanftes Lager betten.

 Den Grazien und den Amoretten
Schliefst itzt auf ihren Rosenbetten
Der weiche Schlaf die Augen zu:
Nur Psychen läfst die Freude keine Ruh'
Sich an dem schönen Ort zu sehen.
Noch fafst sie nicht wie ihr geschehen;
Nur dieses einz'ge fühlet sie,
Der Ort, und was sie da gehöret und gesehen,
Sey nicht ein Spiel der Fantasie.
Was läfst nicht solch ein Anfang hoffen?
Geliebt vom schönsten Gott, und wo sie geht
    ein Schwarm
Von Zefyrn und von Amorinen
Und Charitinnen Arm an Arm,
Die neue Venus zu bedienen!
Wem würde nicht der Kopf von solchen Bildern
    warm!
Auch sieht sie schon den hellen Himmel offen,
Sieht jeden Gott verliebt in Amors Glück
Und Eifersucht in jeder Göttin Blick,

Schwimmt um und um in Glanz und Wohlge-
　　rüchen,
In Harmonie und nahmenloser Lust,
Und wird zuletzt — an Amors Brust
Vom Schlummer unvermerkt beschlichen.

Vermuthlich denken Sie — „Ich? spricht die
　　Priesterin:
Sie selbst, wo denken Sie wohl hin,
Zu glauben, daſs bey dieser Stelle
Sich was besondres denken läſst?"

Ich meinte nur, erwiedert Alkahest,
Die Ursach' wäre ziemlich helle.
Von Amorn lieſse sich, schon seinem Rufe nach,
Ein wenig Hinterlist vermuthen.
Dient ihm sein Pfeil statt aller Zauberruthen,
Wer dächte, daſs es ihm am Willen nur
　　gebrach?
Auch öffnet er sich Psychens Schlafgemach
Und schleicht hinzu und — schaut. — Kann
　　Venus schöner liegen?
Wie sanft sie ruht! Wie schmeichelhaft
Die leichten Träume sich auf ihrem Busen
　　wiegen!
Und was aus eifersücht'gem Taft
Sein irrend Auge niederziehet,
Ein Tithon hätte sich zum Jüngling dran ver-
　　gafft!
Wie hätte Vater Zevs vor diesem Fuſs gekniet,

Der halb versteckt nur desto mehr verführt!
Und Amor, der aus Liebe sie entführt,
Er sah noch mehr und — wurde nicht gerührt?
Nichts scheint vom Glaublichen sich weiter
    zu entfernen,
Ich geb' es zu. Allein, wir werden bald
Zwey Amorn unterscheiden lernen,
Halbbrüder zwar, allein an Herkunft und Ge-
stalt
Und Neigung wahre Gegenfüſser.
Der eine findt den Mund unendlich süſser
Der reitzend küſst, als den der göttlich spricht,
Und ihn versucht die weiseste der Musen
Vielleicht durch einen schönen Busen,
Doch sicherlich durch ihre Weisheit nicht.
Der andre sieht im schönsten aller Busen,
Nichts als — der Unschuld Wiederschein;
Ihm sind nur Seelen schön, und fänd' er an
    Medusen
Das Innre liebenswerth, sie würd' ihm Venus
seyn.
Der Rest ist nichts warum er sich bekümmert;
Die Tugend, die durch Psychens offne Brust,
Wie durch Krystall, ihm in die Seele schim-
mert,
Läſst für gemeine Augenlust
Ihm keinen Sinn. — Sie lächeln einer Tugend
Die kaum mit Puppen noch gespielt?
Doch unser Amor sieht in Psychens grüner
    Jugend

Den Herbst bereits, den noch die Knosp' ent-
  hielt,
Und das Vergnügen selbst sein Knöspchen zu
  entfalten,
Ist ihm, der bloſs **Platonisch** fühlt,
Mehr als genug sein Herz zu unterhalten.

   Indessen, ob er gleich das liebe Kind bey
  Nacht
Nicht in der Ruhe stören wollte,
So war er doch nicht minder drauf bedacht,
Daſs sie so schön **erwachen** sollte
Wie noch kein Erdenkind erwacht.
Neun Musen, rings um Psychens Bette
Gelagert, wirbelten so reitzend in die Wette,
Daſs Psyche, die davon erwacht,
Schon im Olymp zu seyn sich gänzlich überredet.

   Sie sangen, wie der Krieg, der in der **alten**
  Nacht
Das ungestalte Heer der Atomen befehdet,
Auf **Amors** Wink der Ordnung Platz gemacht,
Wie neue Formen sich zu bilden angefangen,
Und, von der Liebe Geist geschwellt,
Voll sympathetischem Verlangen
Die Keime gleicher Art einander angehangen,
Bis durch den Ocean des Äthers Welt an Welt
Gleich Frühlingstagen aufgegangen. u. s. w.

NADINE.

Eine Erzählung in Priors Manier.
1762.

„Nadine, komm, und misch in deinen Kuſs
Den Zauberton, der Filomelens gleichet,
Indeſs die Nacht mit unbemerktem Fuſs
Den jungen Tag in Florens Arm beschleichet.

„Ein Augenblick wird schon zu theu'r ver-
säumt;
Sie fliehn, sie fliehn mit Flügeln an den Füſsen,
Die Stunden fliehn, die unter unsern Küssen
Ein Quincika ¹) am Quell der Lust ver-
träumt.

„Hat meinen letzten Hauch dein Mund einst
aufgeküſst,
Was folgt uns ins öde Reich der Schatten?
Ach! die Erinnerung was wir genossen hatten
Ist mehr vielleicht als dann uns übrig ist."

¹) Aus Bokaz und La-Fontäne bekannt.

So spricht Amynt, und drückt, indem er's
spricht,
An ihren Schwanenhals sein glühendes Gesicht,
Und fühlt, vom Arm der Liebe sanft umwunden,
Den ganzen Werth der eilenden Sekunden.

Mit Augen, wo die Traurigkeit
In süfse Wollust schmilzt, verschämt, doch
hingerissen
Von eurer Macht, Natur und Zärtlichkeit,
Entwindt sie lässig nur sich seinen heifsen
Küssen.

Die schlaue Nacht zieht jüngferlich be-
scheiden
Ein Wölkchen, wie vom dünnsten Silberflor,
Dem Seitenblick der spröden Luna vor;
Ein Rosenbusch wächst schnell um sie empor,
Und ungesehn umflattert sie ein Kor
Von Liebesgöttern und von Freuden.

Nur Einer aus der kleinen Schaar
Ein junger Scherz, von dreisterem Ge-
schlechte,
Den eine Grazie dem schönsten Faun gebar,
Setzt schalkhaft auf dem braunen Haar
An deiner Stirn, Nadine, sich zurechte.

Amynt wird ihn zuletzt gewahr,
Und will den losen Gaukler fangen;

Allein der Scherz, der leicht von Füſsen war,
Entschlüpft, und flieht in eins der Grübchen
   ihrer Wangen.

 Auch hier verfolget ihn **Amynt**.
Nun, denkt er, soll mir's doch in ihren Lippen
   glücken!
Ja! wäre nicht sein Gegner schnell besinnt
Den kleinen Gott mit Küssen zu ersticken.

 Er zappelt, wie ein junger Aal
Im feuchten Netz, und schlägt und sträubt sich
   mit den Flügeln,
Bis zwischen sanft erhabnen Hügeln
Von warmem Schnee ein dämmernd Rosenthal
Sich ihm entdeckt. — Er glitscht an einer
   Leiter
Von Bändern unvermerkt herab.
Umsonst! Der Mund, der keine Rast ihm gab,
Folgt ihm durch Berg und Thal, und treibt ihn
   immer weiter.

 Wohin, o Venus, soll er fliehn?
Wo kann er zu entrinnen hoffen?
Wie soll er sich der Schmach, erhascht zu seyn,
   entziehn?
Wo ist noch eine Zuflucht offen?

So wie ein Reh, vom frühen Horn erweckt,
Mit raschem Lauf, der kaum das Gras berühret,
Von Bergen flieht, dann steht, die Ohren reckt,
Dann schneller eilt, vom Nachhall fortgeschreckt,
Und sich zuletzt in einen Hain verlieret,
Wo krauser Büsche Nacht ihm seinen Feind versteckt:

So eilt der schlaue Scherz, ganz athemlos vor Schrecken,
So leis' er kann in eine Freystatt sich,
Wo ihn sein Jäger sicherlich
Nicht suchen werde, zu verstecken.

Der Flüchtling glaubt, in Pafos tiefstem Hain,
Wo, unentdeckt sogar bey Sonnenschein,
Sich Amor oft an Spröden schon gerochen,
Glaubt in Cytherens Heiligthum,
In Dädals Labyrinth, ja im Elysium
Nicht sicherer zu seyn als wo er sich verkrochen.

Allein der Liebesgötter Schaar
Die, Bienen gleich, doch unsichtbar,

NADINE.

In Trauben an Nadinens Wangen,
An ihrem Rosenmund, an ihrem Busen
        hangen,
Bemerkten bald die reitzende Gefahr,
Und schrien laut — als es zu späte war:
Ach! Brüderchen, du bist gefangen!

ERDENGLÜCK.

AN CHLOE.
1766.

Hüpfend, wie das Blut in deinen Adern, scherzet,
Chloe, deine Seel' ihr Daseyn hin;
Keine Ahndung ferner Übel schwärzet
Deinen freyen unbewölkten Sinn;
Alles, däucht dir, ist wie deine Wangen
Rosenroth; gleich Liebesgöttern hangen
Tausend Hoffnungen, von brütender Begier
Sanft entfaltet, gaukelnd über dir.
Jeder Wunsch, der mit Vergnügen schmeichelt,
Scheint dir schuldlos: du erfuhrst noch nicht,
Daſs der Schmerz sich oft zu Wollust heuchelt,
Und die Hoffnung stets zu viel verspricht.

Ach! warum, o Chloe, sind's nur Träume,
Wenn die Fantasie, mit eitler Schöpfungs-
kraft,
Goldne Welten um uns her erschafft?
Lauter Lust, wohin das Auge gafft,
Lauter Rosen, lauter Myrtenbäume;
Göttertisch von Grazien gedeckt,
Nektar aus Tokay in allen Flüssen,
Schlaf auf Schwanen, den zu stillen Küssen
Amor oft, die Sorge niemahls, weckt;
Lauter Feste, Tänze, frohe Spiele,
Lauter Unschuld, Eintracht, Zärtlichkeit,
Kurz, der Menschen ganze Lebenszeit
Ein Gewebe lieblicher Gefühle —
Welch ein Traum! —

Warum (so ruft, entzückt
Von Nanett' im kurzen Unterrocke,
Tristram aus, indem des Mädchens schwarze
Locke
Sich im ungelernten Tanz entstrickt,
Und ihr lächelnd Aug' unwissend Liebe blickt)
„Ach! warum, du, dessen Wohlbehagen
Unsre Freuden schafft und unsre Plagen,
Kann nicht hier ein Mann sich in der Freude
Schoofs
Niederlegen, tanzen, singen, und sein Pater
sagen,
Und gen Himmel mit Nanetten gehn?"

Eitler Wunsch! vielleicht verzeihlich im Entstehn,
Aber dem Gesetz der ernsten Weisheit — Sünde!
Ein Verhängniſs, dessen dunkle Gründe
Wir vielleicht in bessern Welten sehn,
Findt für **diese Welt** ein reines Glück zu schön,
Mischt in jeden Tropfen Lust geschwinde
Zwey von Bitterkeit, gefällt sich, (wie es scheint)
Jede Hoffnung **selbstgewählter** Wonne,
Wenn zu unsern Wünschen alles sich vereint,
Plötzlich zu verwehn, erfindet jedem Morgen,
Der uns Lust verhieſs, unvorgesehne Sorgen,
Giebt die Unschuld oft der Bosheit, dem Betrug
Preis, und lohnt die Treu' mit einem Aschenkrug.

Chloe, hoffe nicht, daſs innerhalb dem Kreise,
Der den Erdball von dem Sternenfeld
Trennt, die **Wonn'** uns je ihr himmlisch Antlitz weise!
Ach! sie sinkt nicht bis zur Unterwelt!
Alle diese schönen Luftgesichte,
Deren Nahme deine junge Brust
Überwallen macht, sind bloſse Schaugerichte,
Leichte Träum' unwesentlicher Lust!

ERDENGLÜCK.

Freundschaft, Liebe! ach! euch lassen uns die Götter
Nur von fern aus offnem Himmel sehn;
Diesseits her versetzt, sind eure Früchte — Blätter,
Die mit leerem Schmuck das Auge hintergehn!

CELIA AN DAMON.

Nach dem Englischen.
Collection of Poems Vol. III. p. 140.

Nein, Damon, länger soll mein Mund
Dich nicht um deinen Sieg betrügen!
Aufrichtig als ich widerstund
Sollt' ich unedel unterliegen?

Du triumfierst! Was hälf' es mir,
Wenn ichs noch länger mir verhehle?
Ach! diese Spiegel meiner Seele
Verrathen mein Geheimniſs Dir!

Ja, Damon, ja, du triumfierest,
Mein Herz ergiebt sich, es ist dein:
Doch laſs, o laſs genug dir seyn
Daſs du es unumschränkt regierest.

Nimm zum Beweise diesen Kuſs,
Den ersten den ein Mann von mir davon
getragen;
Nur fodre nicht — ich wär' es zu versagen
Vielleicht zu schwach — was ich versagen muſs.

Laſs, theurer Jüngling, nicht vergebens
Der Tugend letzten Seufzer seyn!
Das Glück, die Ruhe meines Lebens
Steht nun bey dir, bey dir allein.

Zwar hab' ich gegen dich Entschlieſsungen
genommen,
Und Engel hörten meinen Schwur;
Doch, bester Damon, laſs es nur,
O laſs es nicht — zur Probe kommen!

Sey Du vielmehr der Genius
Der Unschuld, die in deinen Schutz sich giebet,
Und die nur darum zittern muſs,
Weil sie dich über alles liebet!

ENDE DES NEUNTEN BANDES.

Leipzig

gedruckt bey Georg Joachim Göschen.

www.ingramcontent.com/pod-product-compliance
Lightning Source LLC
Chambersburg PA
CBHW032118230426
43672CB00009B/1780